1 臭いものに蓋をしないで、お見せする！

汚い話で食事中の人がいたらゴメンナサイ。ゲイの人にとって公衆トイレは、どこの国でもハッテン場になっている。

『薔薇族』の読者にトイレの話をアンケートしたら、びっくりするような臭い話が集まった。

トイレでいい男と出会えたりすると、トイレ党になり、映画館でいい男と出会えると、自然に映画館に足が向いてしまう。

「まだ便所が汲みとり和式の頃。おしりに入れたプラスチックのこけし人形をうんこと一緒に排泄してしまい、こえだめの便の上に乗っかってしまった。

そのままでは家人に見つかるので、こけしを拾い上げるのに苦労した。そのあとは風呂場でこけしを使うようにした。かわいいこけしをディルドとして使用して申し訳なかった。こけしさんすみません。（東京・熟年の初恋・六十歳）」

「小学校に上がる前、祖母の家はまだ汲み取り便所で、私は怖くて用が足せなかった。仕方なく裏の畑に穴を掘っていたが、そこで実った新鮮な野菜をもらっても、どうしても食べられなかった。

そんな私が、今では有機野菜を食べている。（宮崎・しよう丸・三十五歳）」

戦時中から戦後にかけて、今時の若者は知らないだろうが、今のようなトイレットペーパーがなかったから、新聞紙でおしりをふいていた。空き地という空き地に野菜を植えていたが、こやしは汲み取り式のトイレから汲みとったものを使っていた。黄色く変色した新聞紙が土の上にのっているのをよく見たものだ。

「最近の若い子のパンツは、チャックなしも多く、ずり下げてオシッコしているから、オチンチン丸見えの子も多い。

図書館でいつものことで、つい隣の人を見てしまう。中学生くらいの子でじっと見ていたが、嫌がる様子もない。

そのうち俺の方のチンポが大きくなって、するとその子のも大きくなってくる。すぐに個室に誘った。

しゃがんですぐにくわえた。イキそうだからちょっと待って、おじさんのも見せて、触ってもいい？

なめさせてと言い、俺もイキそうになる。先にイカせて俺はその子のをくわえながらイッた。よかったよ。（大阪・雲南人・四十六歳）」

「若いころ、名画座のトイレの大のコーナーで、隣から「チンチンを入れて。尺八してあげます」のメッセージが。もちろん大きな穴で。

今はこうしたハッテン場は、ほとんど消えてしまいました。でも、ときどき彼氏とデパートや駅のトイレを利用して、ハラハラしながら楽しんでいます。（大阪・バラ中年・四十八歳）」

「大学生のころ、当時は実話雑誌の通信欄の「三島文学ファン」ということ以外に何の手段もなく、それで知り合った紳士にデパートのトイレで初めてフェラチオをしてもらい、想像と現実の違い、天国に行く感激をしたものです。

他人のPを拝見したのも初めてでした。自分の性、運命について毎日死ぬほど悩み苦しんでいましたが、この世界を知り生きていくことのすばらしさを発見したのです。（熊本・クール・五十五歳）」

「書店で本誌を眺めていたら、ぼくを見つめる視線に気づき、彼のあとをついていって、地下街のトイレにたどり着き、楽しんだことがあります。（あざらし）」

今でもトイレはゲイの人たちの社交場では。それにしてもトイレの便器の進歩はすごい。トイレに入ると、便器のふたがすうっと開いて、「どうぞ！」と言っているようだ。

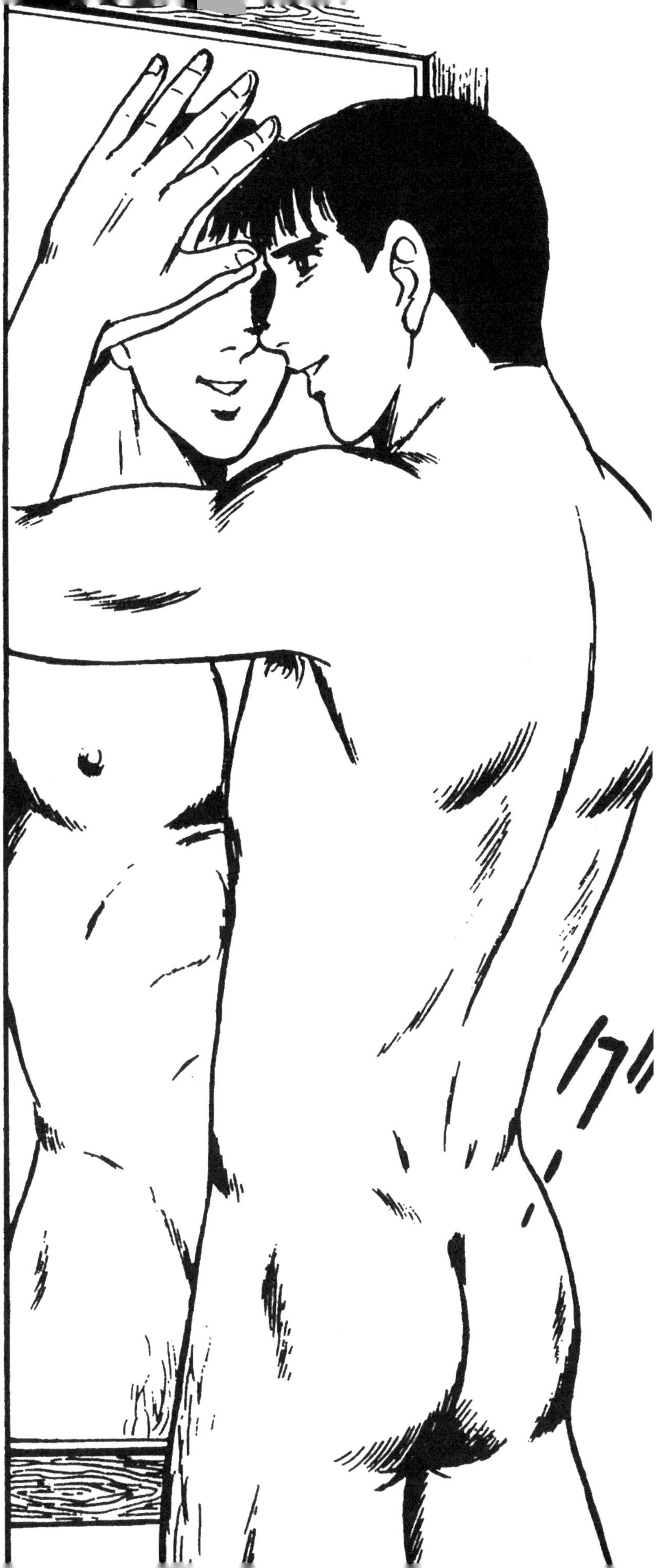
グ

2 ホモか、ノンケかの見分け方は！

一九八二年の『薔薇族』七月号に、こんな記事が載っていた。この時代の読者は、好みの男性と出会ったときに、ノンケかホモかを瞬時に識別したいと誰もが考えていた。「九〇％的中・間違いなし・体験的識別法」のタイトルで金子金太さんが、長々と書いている。長文なので肝心のところだけを紹介しよう。

「目を見れば、大抵は分かるわね」と言うベテランのオカマ氏がいた。ぼくはその言葉を信用できないと思っていたが、今は反対に信用できると思っている。

商人が適当な商品と価格をまず客に見せつけ、その反応で客の購買意欲、能力を知ったり、コウモリが超音波を発して、その反射音で林の木々にぶつからないように飛べるのと同様に、オカマ氏はオネエ言葉や、しぐさを撒き散らし、それを受けた男の反応を、目を見てその男にホモっ気があるかを判定するのだ。

1、オネエ言葉を使う

基本的には自分がホモで、仲間を求めていることをアピールすれば良いのだから、ぼくは嫌いだがオネエ言葉や、右手の甲を左の頬にあて、ホホホと笑うオカマポーズなんか有効だと思う。

2、自慢の体を見せつける

知らない土地では、夏なんかはショーパン姿で映画館へ入る。ショーパン即ホモというわけではないが、むき出しにされた逞しい腕や脚を見る男の目は、かなり正直にホモ性をのぞかせるはずである。

3、チャームポイント　Pでせまる

局部のふくらみを大きく目立たせるのも良い。もちろん大きく目立つ男をホモと決めるわけにはいかないが、それに向けてギラギラ光る視線を送ってくる男は、ほとんどホモである。

4、ビキニブリーフは効果的な小道具

全裸が当たり前（普通）のサウナや銭湯では、逆にビキニブリーフで脱衣所やレストルームを歩きまわると、思わぬいい男がひっかかってくることがある。こんなときは不思議と、Pが中立ち以上にふくらんでくれ、ムックリふくらんだ局部がホモムードを増しているのだ。

5、男らしさでひきつける

胸毛のある人は、それをチラつかせよう。ただし、拒絶反応とホモっ気を見分ける眼力が必要―これは胸毛に限らずほかのアピールについても同様だが。

6、『薔薇族』はツヨーイ味方

ぼくは『薔薇族』をよく持ち歩く。カバアをかけたり袋に入れておいたりしておいて、狙った相手にだけ見えるようにチラリと見せるのだ。「ぼくもその趣味があるんです」と、向こうさんから寄ってきたことが2例ある。

また『薔薇族』を買うときが、男さがしのグッドチャンスである。これに二通りあり、ひとつは自分が買う場合と、他は買う男を狙う場合。ぼくは自分のホモ趣味を秘密にしているので、なるべく遠くの書店で買い求める。

そのときはなるべく身なりもキチンとしてゆく。土・日など混むときを狙い、ゆっくり立ち読みなどしながら、ぼくを見つめる男がいないかをときどき見ながら読む。

ひまなときは本屋へ入り、『薔薇族』の置いてある場所を見渡せるところで見張る

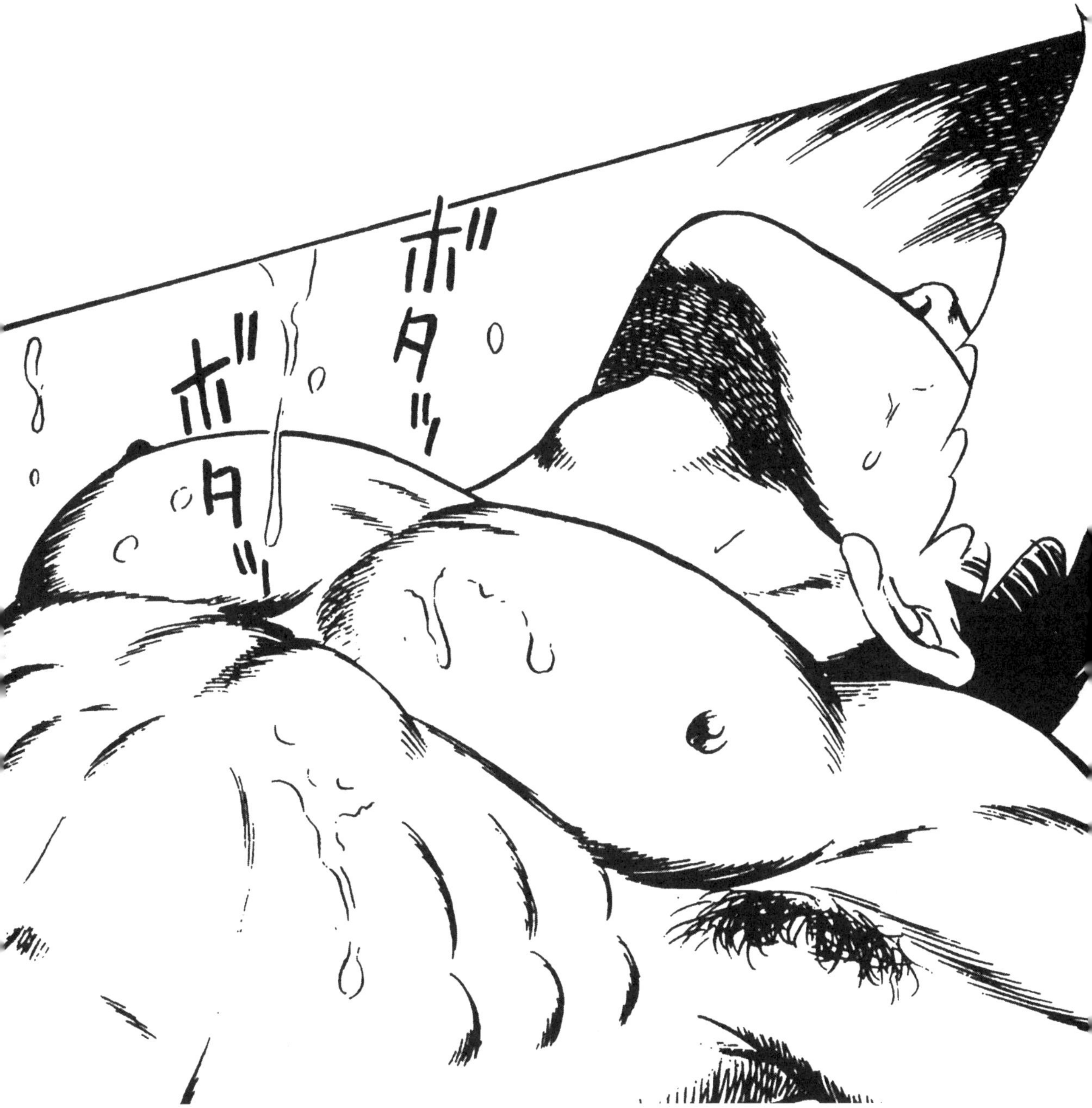
ボタッ
ボタッ

3 胸が燃えるようにあつくなり、涙が溢れ出て！（修学旅行、十七歳の純愛物語）

『薔薇族』の投稿欄の「人生薔薇模様」を読んでいると、修学旅行の思い出を書いている投稿がよく目につく。

学生にとって修学旅行って、いろんな思い出を作ってくれたのだろう。

敗戦記念日が間もなくやってくるが、戦争は個人の楽しみをすべてうばってしまう。ぼくの時代は、修学旅行は、戦争が激しくなってきて行ける状態ではなかった。『薔薇族』にのる若者の投稿を読むと、平和っていいなと思わずにはいられない。「ラブオイル校長」として、ラブオイルを持たせて、男子高校生を送り出したぼくとしては、修学旅行の楽しい思い出をつづった投稿には、目がすぐに寄せられてしまう。

一九七九年七月号の「人生薔薇模様」に寄せられた、福岡に住む十七歳の高校生の投稿だ。

「ぼくは十七歳の県立高校三年になりたてのスリムボーイです。金縁と銀縁のメガネをかけています。

二年のときに仲良くしていたX君がいたのですが、勇気がなくてキッスもしたことがありません。彼、島に住んでいるので、学校の寮にいるんです。

X君が一年生のとき、先輩から尺八させられたという噂を聞きました。また、彼もその気があったかもしれないということも聞きました。

二年生のときに修学旅行があって、それで彼と仲良くなったんです。彼はぼくの後ろの席（バスの中で）に座りました。彼はぼくにちょっかいを出すんです。耳をかんだり、指をかんだり、腕をなめたりしました。

他の人には、ぼくたちがふざけていると思ったようです。ぼくもそのつもりでした。でも「もしかしたら彼は……」と、ふっと頭をかすめたのです。しかし、ぼくは勇気がなくて、また、みんなに気取られてはいけないと思って、彼にいやな態度をしてしまったんですが、でも二人は仲良く旅行を楽しみました。（中略）

夜があけてまたバスの中。彼、今度はぼくの横に座ったんです。彼は右手でぼくの左手をもって「握ってよ」と言ったんです。でもみんなの手前もあって、ふざけた様子で、その気があるのかどうかわかりませんでした。結局、二人の間には友達としての関係しかできませんでした。

帰りの夜行列車の中のことです。みんな疲れたせいか、十二時には寝静まってしまいました。起きているのはぼくだけ。

ぼくはいろんな人の寝顔を見てまわりました（もちろん男ばっか）。みんなかわいいんです。思わずキッスしてしまいそうになりました。

X君のところにきたとき、理性が負けて彼の唇にキッスしてしまいました。彼は目をさまさなかったのです。ぼくは胸が燃えるように熱くなり、わけもなく涙があふれでてきたんです。今でもなぜ涙が出たのかわかりません。ぼくはそのまま寝ずに朝をむかえました。

彼にもう一度だけキッスをしようと、彼のところへ行きました。彼もみんなもまだ寝ています。そして……。

X君、ごめんね。ぼく弱虫なんだ。勇気がないんだ。ごめんね。こんなぼくと短い間だけど付き合ってくれてありがとう。」

若き日の純情物語っていいな。修学旅行っていろんな物語を生んだに違いない。単に観光旅行だけでない。人間同士の「愛」も生まれただろう。

最近は国内だけでなく、海外にも行くようだ。他国の人との友情が生まれれば、それもいいことだろう。なにはともあれ、平和な戦争のない時代が、いつまでも続いてほしい。

ピチャ
はあ
ウァア!!

4 こんな野蛮な徴兵検査が！

日本の自衛隊は志願制だから、強制的に韓国のように軍隊にとられることはない。日本の敗戦前は徴兵制だったから、二十一歳になると徴兵検査を受けなければならなかった。

一九八〇（昭和五十三）年の『薔薇族』七月号に貴重な記録が残っていた。

「私は徴兵検査を郷里で受けた。当時、この徴兵検査という制度はきびしいものであり、またひとつの若者のセレモニーでもあった。第一日目は、軍服を着た軍医殿が、最初に訓示を行い、その後、各教室に分かれて入って、筆記試験を受けた。

その内容は一般的な社会常識と、科学、数学などであったと思う。三十分もあれば簡単にできる問題だったが、一時間半いっぱいまでねばっている人もいた。

二日目は当初から身体検査だった。前日より、いや、それよりも以前から通知が有り、身体検査当日は、必ず褌をつけてくるよう指示があった。したがって二百名の男子が、一斉に裸姿になっていた。

最初は眼、口腔、耳、鼻などの検査が行われた。そして手足の障害者について行われた。

最後は内診、そして陰部、肛門の順に検査が続けられる。陰部、肛門を担当するのは、少尉ぐらいの軍医であったと思う。

五人ずつが一列になって続いて検査を受けるのだが、その軍医は五人集まると大声で「おれの前に来たら、すぐに褌をはずせ、貴様らの金玉を検査するので、足を半歩開け」と言ったことを覚えている。

そしてまた「それがすんだら、すぐ後ろを向いて四つん這いになれ。肛門を検査する。それで終わりだ。以上」と、いかにも軍隊調で言うのだった。

軍隊という世界は、これまったく男の世界だ。男ばかりの世界であったら、なんであんなにもはっきりと露骨に言うのだろうか？　と、みな唖然として聞いていた。

一瞬静かになった。突然、陰部、肛門検査の軍医がおろおろしている私らに対して、「早く来んか」と大声を発したので、またびっくりした。

みんな最初はこの雰囲気に飲まれていたが、だんだん慣れてくるにしたがって、笑い声や、こそこそ話も出てきた。

私より七人先のずんぐりした男を何気なしに見ると、越中褌の前に垂れている部分が持ち上がり、明らかに勃起していることに気がついた。

こんな雰囲気の中で勃起するなんて、たいした度胸の持ち主だと、私はひそかに感心したものだ。もっとも当の彼は少し恥ずかしそうに手で押さえていたが……。

陰部、肛門の検査は順調に進行した。軍医の検査が、私の所よりよく見えるようになった。

みな恥ずかしそうに褌をはずして立つ。ほとんど同年輩の者ばかりなのに、あそこだけはさまざまで、大きいの小さいの、短いの、ホウケイ、ムクレ、大型雁等などさまざまだ。

いくらなんでも、一日に何百人ものチンを検査したら、さぞ、いやになるのではないか、それにほとんどが緊張して縮み上がっているものばかりで……と、私は軍医に同情を覚えた。

軍医は鼻先に立った若者の褌をはずした。それを見ながら、陰茎の周囲や、睾丸を引き上げて注意深く見る。そしてそれがすむと陰茎の皮を親指と、人差指で根元まではじき、今度は親指と人差指、中指を使ってしごき戻すのである。

なんでそんな方法で診察するのかというと、陰茎を根元からしごき戻すと、性病持ちの人は尿道から、うみがでるのだ」

平和が続いているから、こんな野蛮なことをされないですんでいるが、戦争にでもなったら、また、こんなことに。

ズボッ

5 ゲイの人の見る眼は違う！

「性病の検査が終わると、「後ろ」という軍医の声に合わせて、後ろを向き、半歩開いて四つん這いになる。すると尻の周囲と肛門、睾丸を手で触れてみる。次に肛門を開かせるようにして、痔の病気をみるのである。

　こうして身体検査の最後の陰部、肛門の検査がすむと、その軍医が尻を平手で、パチンとたたいて「よ～し、合格」ということで、すべてが終わることになる。

　すんだ人たちはホッとして、にこにこしながら服を身につけるのだった。たいしたハプニングもなく身体検査は順調に進んでいるようだ。だんだん私の順番も近づいてくる。先を見ると、例のずんぐり男の順番がきたが、まだ元気よくたっている。これに他の誰が気づいたろうか？

　私は周囲をみたが、みな気がつかないのか見てみぬふりをしているのか、誰も口に出す者もいない。

　しかし、私の関心は彼のそこに集中していた。軍医の前に立ったが、軍医はまだ気づかない。前の人のカルテに何か記録していた。

　彼は恥ずかしそうにあたりを見ながら、褌をはずしたので、ピーンとそりたっているものを、左右の両手を広げて隠していた。が、私はとうとう彼の勃起したそれを見てしまった。大きく、若さがあり、むくれている。小さくけいれんしているのがよく分かる。

　とうとう軍医が気がついた。「オ、オ、貴様、元気がいいではないか！」と、あたりに聞こえるようにか、関心を集めるためか、大声で言ってしまった。その大声で、部屋にいた三十名程度の眼が、一斉に彼のあそこに集まった。

　ずんぐりの彼は顔を赤くして下を向いていた。軍医は「ホホー」と言いながら、今度は親指と人差指だけでなく、見ごたえ、握りごたえのあるように、五本の指をつかって、三回ほどしごいた。

　周囲の眼が注目しているのを意識するかのように検査に入った。親指と人差指でおもむろに根元に静かにしごいていった。私は、陰部、肛門検査の軍医がうらめしかった。

　軍医はおもむろにしごいた。彼は少し痛いのか、眼と眼の間にシワをよせたが、いっこうにおさまる気配はなかった。ずんぐりの彼は胸、すね、尻などの白い肌に、黒毛がとくに目立ち、私を刺激せずにはおかなかった。

　普通は一回か、二回しかしごかないものを首をかしげながらも、二回、三回、四回もしごいた。

　彼のは十五センチはあったろうか。上に少しそり、グランスが大きいのでホウケイではない。こんなしごき甲斐のある彼のものを、軍医は残念そうに手を離した。

　軍医は「後ろ」と小さい声で言い、彼は後ろを向いて四つん這いになった。肛門の検査は簡単にすませ、再び体を前に向かせた。

「どこか悪いところはないか？　病気したことはないか、ン？」と質問したが、彼は「ありません」と答え、「よし、合格」と、太ももを平手でパチリ。

　彼はすぐさま褌を拾いあげてしめた。ちょっと元気がなくなったようだったが、まだたっていたものを上につり上げて褌をしめたので、今度はあまりめだたなくなった。」

　女好きの男だったら、徴兵検査に行ったら他人のオチンチンに目が向くということはないだろう。

　この投稿者がゲイの人だったから、このような記事が書けたというものだ。ノンケだったら緊張のあまり、オチンチンが縮こまってしまうのが大半だろう。

　軍医のことをゲイではないかと、判断したところもさすがだ。ぼくの言いたいことは、二度と戦争はごめんだということだ。

抱いてよ

6 『薔薇族』にあった「少年の部屋」とはどんな？

『薔薇族』には「少年の部屋」という中・高生からの投稿コーナーがあった。中学生からの投稿は少なく、ほとんどは高校生からのものだ。

本人が自分は同性愛者だということを自覚しはじめていた年頃だろう。ネットなんていうものがない時代、今の少年よりも文章力があって、自分の考えを長文で投稿してくる高校生が多かった。

今、こんな高校生からの投稿を載せるなんていうことはできないだろうが、ある意味でいい時代だったのでは……。

一九八八年九月号、内藤ルネさんの表紙絵で、きりっとした少年が描かれている。

鳥取県のP・S君からの投稿だ。

「僕は高校生で、もうすぐ十八歳になるけど、子供っぽいので中学生によく見られます。

僕がこの雑誌を初めて知ったのは、ついこの前。勇気を出して買ったんだけど、僕と同じ年ぐらいの中学生や、高校生がたくさんいて少しびっくりしちゃいました。

僕が男の人を好きになったのは、小学生のころからだと思います。あのころからガキっぽかった僕は、いつも誰もいない野球場で、目隠しさせられて、友達のオナニーをやらされていました。

その人は強かったので、いやとは言えず仕方なくやっていました。こんなこともありました。友達のA君の家に、B君と行ったとき、遊び疲れた僕は、A君のベッドで眠ってしまい、目が覚めるとA君は買い物に行って、B君が僕のアソコをなぜていて、アソコはビンビンになっちゃってた。

B君は僕が目を覚ましたのを知ると、自分の硬くなったアソコを僕の口に向けて「なめてーや」と言ってきました。

僕は「やだっ」と言って断ると、いきなり口に入れてきました。いつの間にか僕はB君のをなめていました。

B君は気持ちよさそうにしていて、しばらくすると僕の頭をおさえました。B君は僕の口に精液を出しました。僕はすぐに口を洗いに台所に行った。そのときはオシッコだと思ったのです。

中学生のころは、二、三人にフェラチオをさせられていた。たぶんB君が「気持ちいいからやってもらえ」とか言ったんだろうと思う。

僕の学校には明るいホモの奴とかもいた。修学旅行で風呂に入るとき、ふざけあって先生もいるのに、C君がD君のアソコをペロペロしていた。

それからベッドで寝ていたら、また「おまえのチンポなめてやるけ、おれのもなめて」と言ってきた。あとは書かなくても、分かると思います。」

二十七年前の鳥取の高校生の話。今ではいい親父さんになっていると思うけど、どんな人生を送っているのだろうか。

ぼくは中学生、大学生の頃にもそんな経験はまったくない。戦争中から敗戦後の食糧難の時代、大学に入ってからオナニーを覚えたぐらいだから……。

「ラブオイル校長」とあだ名が付いて、修学旅行におもむく高校生を前にして、男子生徒にラブオイルをもたせた、ビデオのワンシーンを思い出す。空襲が激しくなってきて、修学旅行にも行けなかった時代に育ったぼく。今の子供たちは幸せだ。

それは敗戦後、平和な時代が七十年も続いたからで、なんとしても戦争に巻き込まれないようにしなくては。

ぼくが生まれた表参道、敗戦間際の五月の末にB29の空爆により多数の死者を出したようだ。今住んでいる代沢は焼けないところが多かったので、死体を見ることはなかった。いつまでも平和が続いてほしいものだ。

最初は
夢うつつだったんだが

7『薔薇族』の読者からこんな話が！

『薔薇族』の読者から、こんな話を聞いたことがある。中年になってから温泉旅館に宿泊した折に、マッサージの人を呼んだことがあったそうだ。たまたまマッサージの男性がゲイの人で、股間をもまれて男の味を覚えてしまい、それからたびたび、そのマッサージの男性を呼んで楽しんだとか。

自分がゲイであることも知らずに過ごし、こんなきっかけがあって、男が好きな人間だということを初めて知ったという人もいた。

この投稿はゲイのマッサージの人からのもので、読者の中にはいろんな人がいた。

「長いことマッサージの治療をしていると、ずいぶん変わったお客さんがいるのに、びっくりさせられます。

秋田県雄勝町にある、秋の宮温泉では、恐らく夫婦ではなく、特定の男女であろう。私が治療を始めると、男の人が女性の乳房を揉み始め、揉まれると女性が興奮する。すると男性が私の陰茎をしごきながら、女性とやれと言ってうながすのです。

びっくりした私と、女性がやりはじめると、今までたたなかった男のシンボルがエレクトして、挿入が可能な状態になる。そこで私が終わると、自分がやるからと言って、女性と性交するというような方でした。

このようなことが、一回ならまだしも、行くたんびに要求するのにはあきれてしまいました。

また仙台から来た人と、千葉から来た人は、上半身は薄い肌着だが、下半身は何もつけず、治療をはじめると、後者は素っ裸になって、私にも裸になってやれと言ってくる始末。

もしかしてセックスしたあとで、おどかされるのではないかと、内心ヒヤヒヤでまったく冷や汗ものでした。でも、それが取り越し苦労であったことがわかり、治療代のほかにチップまでいただいて、はじめてゆったりした気分になったのでした。

私が『薔薇族』を読み始めたのは、マッサージよりも男性だけ（秋田の方言でヘノコ）だけをもませるお客さんから頂いてからで、そのとき初めてホモの道を知ったのです。たしかに、もみはじめると股を開いてやらせる男性が多いものです。

東京での男の館の光景を思い浮かべると、からだがうずいて困ります。私の最初の体験は、十五歳の春うららかな日、川原の土手沿いに歩いていると、倅がうずいてどうにもなりません。こすっているうちに気持ちがよくなってきて、見るともなく土手を見ると、モグラかねずみの出入りした手ごろな穴があるではありませんか。

ふわふわしてやわらかそうだったので、パンツごと入れたら、気持いいのにびっくりしました。自分ひとりで、こんなにいい気持ちになれるんだと、今でもあまりに強烈で、頭がず～んとしびれてきて、夢の中をとんでいるようです（秋田県・マラ好きヘノコ好き）」

土手のモグラが掘った穴の中へ、息子を入れてマスターベーションしたなんて、のどかでいい風景ではないか。

マッサージ師が、みんなこんなことをしているわけはないのは当然で、たまたまこんなことになったということだ。

この時代にぼくが最初に刊行した、光風社書店（倒産してしまった）刊の『心が破けてしまいそう＝親兄妹に言えない　この苦しみはなんだ』は、昭和五十三年の発行で、今では考えられない、初刷が一万二千部も作っている。

読者の投稿欄にも、この本を読んだという投稿が目につく。ネットなんてない時代、みんな本を読んでくれた、ありがたい時代でした。

わかってるよ だからこそ俺も つらかったんだ…
お前の気持ちに 応えてやれなくて…

8 ませた少年がいたものだ！

「初体験は八歳です。本当の話です。相手は中学生でした。何をやったと思います？　フェラチオとキスです。そいつはすでに女を知ってたんですね。女とやったことをぼくにやらせたわけです。

　ぼくは八歳、そいつは十六歳。到底、ぼくの口ではふくみきれません。そいつ、それを無理に口へ押し込んでくるんです。

　吸え、なめろと言って。ぼくはされるまま、言うがままの行為をしました。そいつは天国へいきそうになると、ビニール袋をそえて、その中にザーメンを注ぎ込むんです。

　今、十六歳です。ホモ道は八年間走ってきているわけですが、でも本当に走りだしたのは四年くらい前からです。ぼくは中学生時代に覚えるセンズリを八歳で知ってしまいました。でも白いものは出なかった。

　ところが小学生の五年くらいになると、出始めてきたのです。うれしくなっちゃって、それから二年間は、ものすごいセンズリをはじめました。一日に三、四回はざらでした。初めやるときって出ないんですね。それで五、六回ためして、だんだん時間がたつと、ある刺激が生ずる。

　そこをこらえてやれば天国へ。でも二年間やるとあきてしまいますね。そのころ図書館へ行って、ひっそり影をひそめている性教育の本を取り出して読んでました。ませていたんだな。

　中学へ入学すると、自分がホモだっていうことが自分自身でわかってきました。授業中にプレイしました。初めは両向かいのヤツの股ぐらに、そっと足を伸ばしてもんでやるんです。

　ぼくもやってもらった。ただやるだけで、ぼくのブリーフはぬれちゃいました。それがものたりなくなって、となりのヤツの股をズボンの上からもんだ。エレクトしてるんだ。胸がわくわくするんだ。するとオレのもエレクトする。そいつ、ああ、もれるっていうんだ。

　オレ、いいじゃないか。オレがあとでパンツ取り替えてやっからって言うんだ。でも、そういうのは数人だけど、今度はズボンのジッパーをおろして愛するんだ。それか、そいつのポケットを破ってやるとか。でも、ものたりないんだ。

　それでオレ、そいつの匂いをかぐんだ。いい匂いだぜ。うっとりしちゃう。しょうべん臭いのや、ザーメン臭いのや。そしてパンツを持ち上げて手をつっこむ。そして直接してやる。

　ねばねばした液が手のひらに伝う。ああ電気ショックを受けたようだ。

　卒業間近になると、ついにフェラチオをやった。人のいない部屋とか、学校の裏山で素っ裸でプレイ。四十分間ぐらいやったんだ。それでオレは終わり。フェラチオをやったのはひとりだけ。そいつや、そいつらとも卒業してからはずっとやっていない。（山梨県・S）」

　鹿児島にいた頃の話のようだが、こんな元気な少年がいたとは。東京の少年にはいないのでは。

　『薔薇族』の初期の頃の投稿に目が向くのは、八十三歳のぼくのオチンチンが、オシッコをするだけのものになってしまっているからだ。

　男のオチンチンって、不思議な生きもので自分の意志では制御できない。勝手に動き出してしまう。

　中学生の頃だったろうか。女性ひとりで髪を刈っている理髪店に入ってしまった。若くて色っぽい女性で、顔が近づいてきたりすると、ぼくは欲情してしまった。

　そんなときのことまで思い出すようになるとは、ぼくも年をとってしまったものだ。

驚くべきことが起こった
あっ…!
カチーン

9 ゲイは日陰の花でいたほうがいい！

四月一日の東京新聞朝刊の一面に「同性カップル条例成立　渋谷区が「結婚相当」証明書　性的少数者の人権尊重」の大きな見出しが。

日本で初の画期的な条例だが、これは渋谷区に居住するカップルでしか適用されない。どこまでこの条例が広がっていくだろうか。

一九七一年、『薔薇族』創刊後、数年してのNo.23に、「本屋の片隅で『薔薇族』を」という見出しで読者の投稿が載っている。批判的な投稿だ。

「近頃、御誌は何か「明るみに出よう、出よう」としているような気がしますが、これはわれわれにとって幸福なことでしょうか？

最近はマスコミでも、ホモを取り扱ったり、テレビ、映画にも登場します。ホモの存在が一般に知られるということは、ホモが理解されるということにはならない。かえってわれわれにとって住みにくい時代になってきたと思います。

昔からホモの存在は一般に知られていました。しかし、それは一部のゲイボーイと呼ばれる女装の人々や、その他、特殊な人のことでした。少々、態度が女性的であっても、同僚に片思いをしても、別に何とも思われなかったような気がします。

ホモとは特殊な人、自分の周囲にはいない特別な人という感じでした。現在では「あいつホモじゃないのか」とか、「オレはホモの趣味はないよ」など、会社でもそんな会話が聞かれます。つまりホモの存在が一般に知れ渡ったのだと思います。

一般大衆は「感情」というより「本能」でホモを軽蔑し、憎悪しています。ホモを理解させようと、いくら理屈を並べても、一般人にとってわれわれは「変態性」「倒錯者」「オカマ」であり、「気味が悪い」「ヘドが出る」「ゾッとする」なのです。

（中略）

私は十何年か前、ホモであることが同僚に知れて、職を失いました。

「明るく、スカッと！」これは理想です。われわれが両親、兄弟、知人の前で「オレはホモだ」と、大声で言える日は、永久に来ないでしょう。それならば、いくら努力しても無駄ならば、なまじ明るい陽のあたるところへ出ようとしないで、あくまでも日陰の花として存在した方がいいのではないでしょうか？

御誌がわれわれを少しでも明るく幸福にしようと、前向きの姿勢で取り組んでいることには感謝しています。

『薔薇族』は本屋の片隅に、ひっそりと置かれているほうが、ふさわしいのではないかと思います。」

中年の一読者からの投稿だ。この方、今朝の東京新聞の記事を読まれたら、どう思うだろうか。

同性カップルを「結婚に相当する関係」と認めて証明書を発行するという東京都渋谷区の条例、果たしてどのくらいのカップルが証明書をもらいにくるだろうか。証明書をもらいにいくためには、同性愛者であることを告げなければならない。

証明書の効力は、家族向け区営住宅への入居、入院時の面会や、手術の同意書へのサイン、企業からの結婚祝い金の支給、とあるが、会社にゲイであることを知られてしまう。

確かに条例が出来たことは、よろこばしいことなのだが、渋谷区に居住するゲイのカップル、レズビアンのカップルがどのくらい存在するだろうか。

ゲイのカップルで、一緒に住んでいる人って意外と少ないのでは。住んでいたとしても、証明書をもらいたいと思うカップルはいないと思う。

世の中、変わってきているから、分からないが、様子を見守るしかないのでは……。

ヒクッ
はあっ

10 オナニーは「かっぱえびせん」のようなもの

大本至さんの『オナニーと日本人』から引用させていただく。これは大正時代の話だ。

「ある県立中学校の教師である春野道男先生は、文学士の肩書を持ち、生徒に修身を教えているときは性のことまで話してみよう、という意欲を抱いていた。

大正時代の県立中学校といえば、一高を目指す若いエリートがひしめくところであった。

たまたま春野先生が担任の生徒の中に、三年まで級の主席だったのに、三年三学期から目に見えて成績が下落し、四年になったときは十位まで落ちた生徒がいた。

春野先生はこの生徒が落ちた偶像をよく観察して、主席だった時代には活気にあふれていたが、最近は元気も消え失せ、運動場の隅にひとりでいて、何やらうれい顔（これは性的悪癖に陥っているな）と、先生は読み取った。

「今夜でも先生のところに遊びにこいよ」と春野先生が、この生徒に声をかけたのは四年の二学期、いよいよ入学試験の季節が近づいてきたころだ。

夜も更けてきた。生徒が腰を上げそうになった。今だ、と春野先生は決意して、「成績がこの一年で目に見えて下がったが、君ほどの男がくやしがって、向上の努力もしないとはどうしたのかね」と、本題を切り出した。

頭脳明晰の如何は、肉体の健康によって左右されるものだ。とりわけ性欲の濫用は恐ろしい結末をもたらす。

春野先生の話が進むにつれて、生徒は脂汗がにじみ出てきた。みんな先生に知られていると思うと、恥ずかしさで顔まで赤くなった。

春野先生は先に話を進めた。ひとたび手淫の悪癖の地獄に落ちた者は、意志の力ではどうしようもないものだ。だが克己の精神をつちかう修養と、運動によって身体を鍛えることで救われる場合がないとは言えない。

すみません。うなだれて耳をかたむけていた生徒は、このとき突然に声をあげて泣き始めた。

先生にすべてを話します。僕は手淫に耽って、勉学をおろそかにしていました。

ざんげの値打ちもないことを蟻の穴からあふれ始めた大河の水のように、心に秘めていたすべてを告白した。

よしわかった。そこまで後悔しているのなら大丈夫だろう。絶望することはない。今日からあの習慣を断じて改めるならば、君の成績は前のように主席の座に戻れるはずだ。

春野先生の言葉どおり、五年の卒業にあたっては主席の栄誉に輝いた。しかも、憧れの第一高等学校にも合格。

やがて帝国大学（東大）法学部を出て、良妻を迎え、かわいい子供まで生まれた。

おお、うるわしきオナニー征服立身出世物語。

春野先生は、この実績の上にたって、中学三、四年生のために、『年頃の子女を持てる父母に代わりて、性に関する講話』（大正九年）という本を書いた。ひと口にいえば、オナニーをさせない、この目的のために全巻が捧げられているといってよい。

戦後のぼくの学生時代でも、春野先生のような考え方が広く受け入れられていたのだろう。あまりにもオナニーが害になると強く言われると、オナニーにふけっている若者は、かえって悩んでしまうのでは。

かっぱえびせんの宣伝文句のように、なかなかやめられないから困ったものだ。いつの時代になっても、この悩みは永遠に続くだろう。

中学一年生の孫に聞くわけにはいかないけれど、今の学校ではどのように教えているのだろうか。教えすぎると、オナニーを知らない子供にまで興味を持たせてしまうかも知れない。この問題、それぞれの意志にまかせるしかないようだ。

は
はあ…

11 やめたくても、やめられない！

いまから五十年前にオナニーの正しいやり方を本にして、少しは孤独な人のためになったと思っていた。

昭和二十三年、戦争が終わって三年後に、ぼくは駒澤大学に入学したが、育ち盛りのときに食べ物がなくて、満足な食事をしていなかったから、ガリガリにやせていた。

オナニーをおぼえたのは、なんと大学に入ってからのことだった。その時代の常識としては、オナニーをやると身体に害があると言われていた。しかし、やめようと思ってもやめられない。ついつい手が……。

その時の体験が、『ひとりぼっちの性生活』になり、『薔薇族』への発想の原点になったのだが、ぼくの書棚に一度も開かずにいた本があった。

どこで手に入れたのかも思い出せないが、読者が送ってくれたものかもしれない。

『オナニーと日本人』（木本至著、インターナル出版刊、カフェ「織部」の店長がネットで調べてくれたら数件の古書店で売られていて二千五百円だそうだ）

木本至さんは昭和十二年、群馬県生まれ。東京教育大卒業後、光文社に入社、一九六六年退社後、文筆業に入ったという経歴の方だ。

あとがきによると「あえて理由をつければ、まったく他人と関係なく、個人の想像力のなかの快楽追求にしかすぎないオナニーのようなことでも、ときに国家は禁圧しようとすることがあるということを知りたいためである」と記している。

オナニーの歴史って人類の発祥とともにあったのかもしれない。その歴史を記してくれているのだが、本嫌いのぼくにはとっても一字一句目を通すことはできない。

オナニーなんて、どうでもいいようなことをよくぞ調べたものだ。すべての動物が子孫をたやさないために、メスと性交する。その大事な精子をムダにしてしまうことを悪とするのは、なんとなく理解できる。

オナニーを悪と考えるのは、宗教とも関係しているようだ。

「ユダヤ人の場合は、バビロンの幽囚から脱出し、宗教的な統一と団結を固めたのだが、そこで作られた「ゾハルの書」では、マスターベーションを《最悪の罪》と規定した。ある権威者は、マスターベーションを名指して「死に値する犯罪」と宣告したほどである。したがってペニスを手でいじらせないための具体的な規制が制定されたのも当然のなりゆきであった。

「ユダヤ人は仰向けに寝てはならない」

「小便するときも、ペニスに手を触れてはならない」

「ぴったりしたズボンをはいてはならない」

性器と手の絶縁をさせるための工夫がほどこされたのだった。オナニー制圧の源泉は宗教の中にあったのであるが、宗教と人民の絆が弱体化した十八世紀において、再びオナニーの有害性が熱烈に叫ばれたことは興味深い」

煙草にしたって、害になると言われたってなかなかやめられるものではない。ぼくの体験からいっても、害になるのは承知していても欲望につながるオナニーはやめられなかった。

翌日、ぼおっとしていたこともあるし、頭が痛いこともあったが、人間、欲望には弱い。どんなに宗教で規制しても、やめられないものはやめられなかったのでは……。

猿がマスターベーションをおぼえると、死ぬまで続けてしまうという話をきいたが、何事もやりすぎれば害になるのは当然のことだ。

「やっかいを股座にもつひとりもの」

江戸時代の川柳は面白い。

グ…
にガリ…

12 山川純一君の「やらないか!」の叫びは!

「やらないか!」

劇画作家の山川純一くん、うまい名セリフを残してくれたものだ。

ネット上でヤマジュン人気が巻き起こってから、すでに七、八年は経っているのだろうか。

復刊ドットコム刊の『ウホッ!! いい男たち』が刊行されたのは、二〇〇三年十月五日、それから何度も増刷されている。なんと十二年前とは……。今ではネットでも見れるようになっている。

こんなに長い間、ブームが続いているなんてことは珍しいことなのでは。その間にTシャツ、ノート、つなぎ、抱き枕、数えきれないほどに商品化されている。

山川純一くんは、今どうしているのだろうか? だれもが考えるに違いない。最近、ネット上では、なんとかいう女性の名前が上がっているようだ。劇画の作品が似ているのだそうだが、ヤマジュンは男性だ。

山川純一くんに直接、出会っているのは、ぼくしかいない。事務所の玄関口で原稿料を渡して、部屋に上がらずに立ち話で帰っていく。

夏のことだったのか、洗いざらしの白い袖のシャツに、Gパン。顔も今では思い浮かばない。

何を喋ったのか、ぼくが渡す稿料だけで生活しているとのこと。『薔薇族』の編集部を訪れる前は、アルバイトで働いていたようなことは話してくれた。

もう、山川純一くんは、この世にいないのではとぼくは思う。『薔薇族』で断られたら他誌へ原稿を持ち込めばいいのに、彼はそんなことをしなかった。

十何年も多くの人の心をとらえているものはなんなのだろうか。

「やらないか!」

彼の叫びは時を経るごとに心に沁みとおる。

「毎日新聞」の一月二十一日の朝刊に、山田昌弘さん（中央大学教授）が、「おとなしくなった若者・増える『平穏無事に暮らしたい』」という記事を書かれている。

成人式も終わったが、何年か前までは成人式にあばれまくる若者がニュースで取り上げられていた。

「成人式が終わった。今年も親同伴での出席が多かったという。私が若い頃に比べると、若者のイメージが大きく違っているのではないだろうか。

今から三十年前、私が青年だった頃は、良くも悪くも親や社会に対して反抗的な若者が多かった。社会の伝統や権威に疑問を持ち、従来のしきたりに反して自由に行動することが若者らしさと言われていた。

レジャーや恋愛を楽しみ、中には政治活動や市民運動に身を投じる者もいた。大人たちに「今の若いものは」と眉をひそめられながらも、新しいことに挑戦していった。

ほとんどの若者は、ある程度の年齢になれば、就職して家庭を築き、安定した生活を営む。それでも「やりたいことをやった」という経験は、後の人生の活力になったと思う。

最近、「今の若い者は」という言葉は、意味が逆転してしまったようにみえる。（中略）」

日頃、若者に接している先生の言葉だから、そのとおりだと思う。

「いずれにしろ、今の若者は、就職活動や周りに気を使うことに、エネルギーを使い果たしているように見える。若者がやりたいことをする、という機会をどうしたら実現できるのか、考えなくてはならない時代になったようだ。」と、山田昌弘先生は結論づける。

「やらないか!」と叫ぶ山川純一くんの声が、今の若者の心に、どれだけひびいているだろうか。

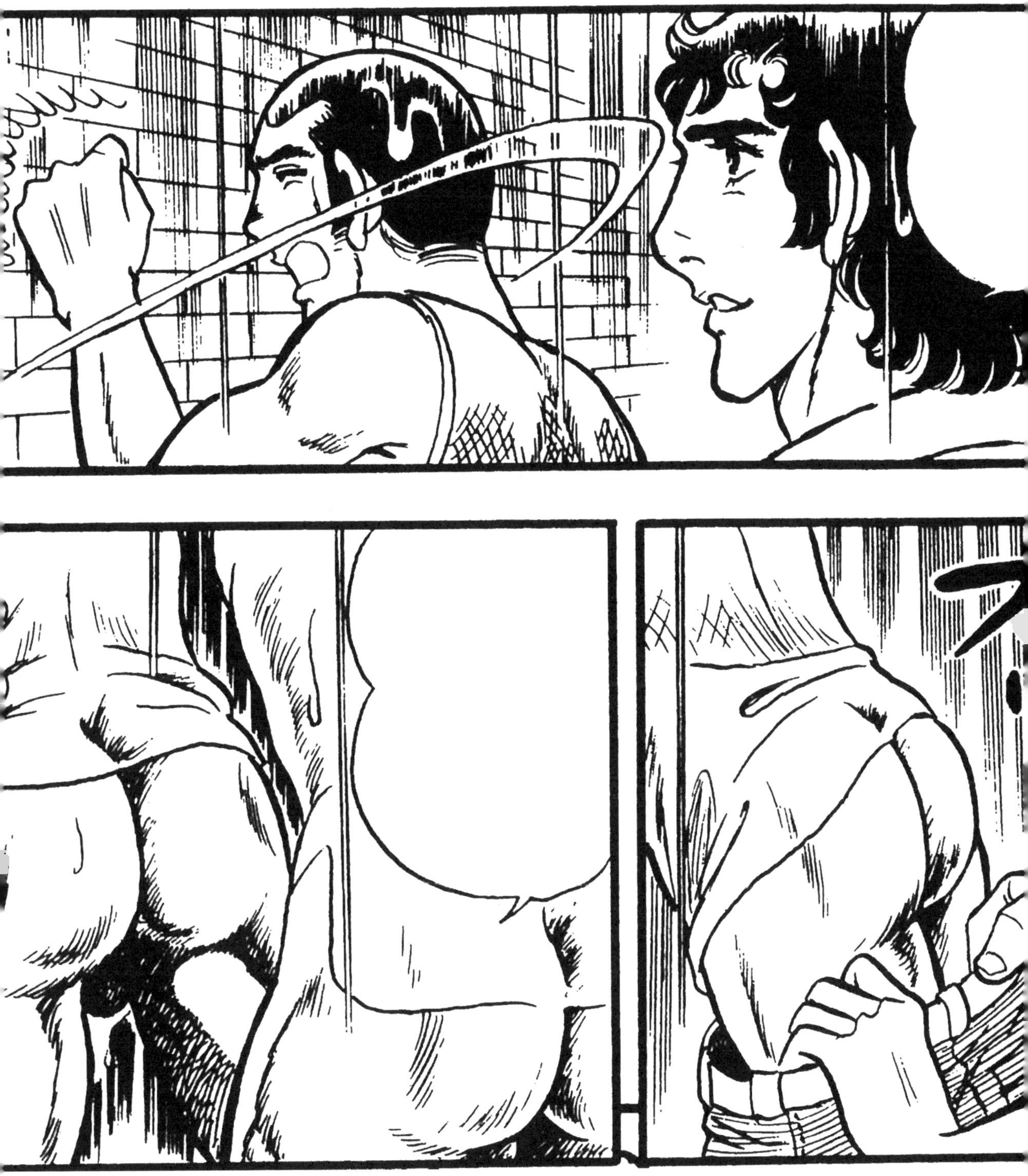

13 秘密の楽しみをもって生まれて幸せ！

『薔薇族』の読者は、長い長い手紙をくれた。今の人は、こんな長い手紙を書くことはできないだろう。書くことによって、発散していたのかも知れない。

　松江正一さん、少年を愛する方で、「秘かに少年を愛して四十年」という、タイトルの投稿だ。

「男が男に恋をし、男が男に性欲を感じる。それも相手が少年に限られていたり、中年に限られていたり、その範囲は極めて狭いものになっている。

　いったいこんな精神作用を、だれが人間に植え付けたのであろうか。

　人間社会においては、男と女が結ばれるのが、最も自然な姿であることは、いうまでもない。この世にある全てものは大自然の摂理に従って、なんの狂いもなく、いとも正確に回転している。

　秋がくれば山は紅葉し、やがて雪が降る。春になれば、また新しい木の芽が伸びてくる。この偉大なる自然の力。どこにもこの自然の力に逆行するようなものは見当たらない。

　人間の心の中にだけ実に不思議な、けれども実に楽しい自然に相反する作用を与えたもうた。これまことに神のなせる業。神々の正気の沙汰なのか、それとも神々のたわむれなのか……。

　ひそやかに、いつもびくびくしながら楽しむ人、おおっぴらに堂々と自分に忠実に生きる人、じっと押し隠して、もやもやと苦しみながら、嫌いな女を相手に一生をむなしく終わらせる人、いろいろであろう。

　今に始まった事ではないという。大昔からこの不思議で楽しく、ともすれば危険をはらんでいる愛の形はあったと聞く。

「少年」を受け入れる「心」がある者は、少年を見て最高に美しいと思うのだ。六年生ぐらいから中学生ぐらいの少年のすらっとした足、まだ、どこかたよりなさそうな顔。これこそ美の極致であり、この世の最高の芸術であると、少年愛の人は言う。

　では、この楽しい精神作用は、いつどんなときに芽を出すのだろう。ある人は少年期に大人の人から愛されていつとはなしに、この愛を知ったという人もある。

　二十歳を過ぎて、こんな機会に出会ったという人もある。でも、そういう人たちはみんな心の内にそれを受け入れる「もの」があったから、その芽が成長したのである。

　まったくの正常な人であるのに、強い誘惑に負けてという人もあるが、その人もやはり心の片隅にその気がひそんでいたのだ。中にはまったく生まれつき、生まれた時から男しか愛せないように、生まれたという人もいる。」

　ここから松江正一さんの三歳か四歳のときからの少年を愛する遍歴が始まり、面白く読ませるが、長過ぎてどうにも紹介することができないのは残念だ。最後に六年生のT君との話。

「今、六年生のT君が好きになった。今、新しいこのT君、すばらしいのだ。やさしく心をかけてやり、時に用を頼み、時々、家へ連れてきてお菓子を食べさせる。それだけだ。なついてくれて、用をいやがらずにしてくれて、にっこり笑ってくれたら、それで心が充実しているのだ。

　T君、目が大きく、色は黒いけれど、すてきな容貌、今なんでも要求に応えてくれる。夕方、少々おそくなっても、一緒に来ないかと言えばついてきてくれる。可愛いんだ。

　密やかに男の子を愛し続けて四十年。だれにも教えられずに、この愛を知った私、これからも愛し続けるであろう。神のたわむれであってもよい。この秘密の楽しみをもって生まれてしあわせだと思う。少年は美しい。」

　松江正一さん、幸せな人生だったのでは。

14 ノンケのぼくは、どんな読者でも受け入れる！

二代目の『薔薇族』編集長の竜超君が、こんなことを書いているのを読んだことがある。

「伊藤さんが『薔薇族』を成功することができたのは、藤田竜さんという、雑誌づくりの名人に出会えたから」と。

確かに親父の後を継いで、出版の仕事を長い間してきたが、第二書房は単行本専門の出版社で、短歌雑誌の『コスモス』を発行したことがあったが、これは親父１人の仕事で、雑誌作りの経験はなかった。

「竜さんと出会わなかったら」

今まで竜超君にそんなこと言われなければ、考えたこともなかった。ぼくひとりで『薔薇族』を創刊したら、どんな雑誌になっていたのか、何十年も前のことだから、想像することもできない。

いまさらそんなことを考えたところで、どうにもなるものではない。

その人が持っている「運」みたいなものは確かにある。単行本の「あとがき」に「雑誌を出したい」と書いたら、間宮浩さんから、手紙をもらって、間宮さんのマンションに出向き、そこで藤田竜さんとも会うことができた。

お二人ともSM雑誌『風俗奇譚』に原稿を書いていた人だ。この雑誌は男女のSMの雑誌で、男性同性愛の記事は、ごくわずかだった。

二人は不満をこの雑誌にもっていたので、協力したいと思ったのだろう。

『薔薇族』の成功は、雑誌を正規のルート「トーハン」「日販」などの取次店（本の問屋）に扱ってもらい、全国の書店に配本してもらうようにできたからだ。

『薔薇族』の創刊号を出した、一九七一年よりも二十年以上も前に、非合法の会員制で出版していた『アドニス』『薔薇』『同好』などがあったが、会員は少なかった。

大阪市の浪速区に事務所を置く、毛利晴一さんが主催する『同好』『清心』は、ひとときは、千五百人もの会員を集めていた。

『同好』のことは、ブログに何度か書いているが、人間的に立派な人で、多くの会員に慕われていた方だ。

『清心』の五号に、毛利さんは、こんなことを書いている。

「ある会員が私に、先生、こんなお仕事を十年以上もやってこられたのだから、面白いこともあったでしょうから、それをまとめて出版されたらいかがですか。

日本広しといえども、これだけ長い間、同好者に接してきた方はいないのだから、内容豊富でよく売れると思いますよ。

長い間のことですから、それは苦しいこともたくさんありました。

よく考えてみると、同好者の性格からくる浅知恵といいますか、色事に対する人間の弱さ、異常体質からくる、異常性格と、それに常識不足と言えば失礼ですが、つまり自己流の物の考え方からくる、迷惑といったようなことが多いのです。

我々の間では、あまり気にしていないことでも、一般の人から見れば、とんでもないといったようなことが多いのです。

同好者が映画館で相手を求めたり、公衆便所で探したりする動作を、一般人がその場面に出会いますと、まるっきり気狂い沙汰としか考えないでしょう。」

藤田竜君が、『薔薇族』が創刊して五年目に「アホは地獄に落ちて、うんと苦しめ！」という記事を書いて、数カ月、編集の仕事をやめてしまったことがあった。

毛利さんも、藤田竜さんも、心ないアホな読者にやりきれなかったのだろう。お二人ともそれはゲイだったからで、ノンケのぼくはどんな読者でも受け入れてしまったから、長く続けることができたのだろうと思っている。

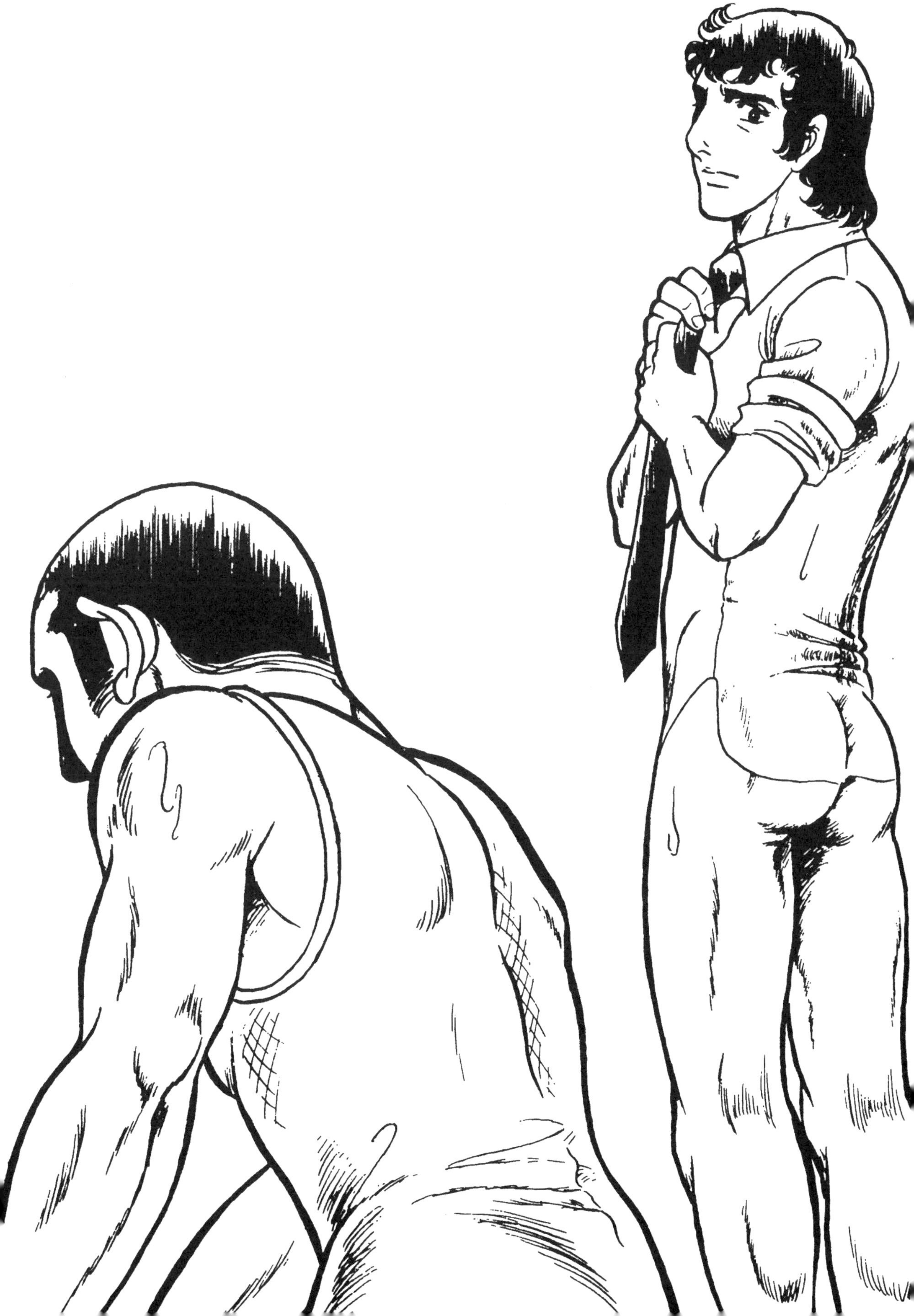

15 「M検」をする軍医の目で！

「M検」（軍隊で定期的に、軍医が兵隊たちを丸裸にして並ばせ、おちんちんを絞って、性病に感染しているかを検査すること。「娑婆」から、軍隊という特殊な世界に入ったことを兵隊たちに自覚させる儀式でもある）

何度もぼくのブログで「M検」のことを紹介したが、ほとんどは「M検」をされる側が書いたものだった。ところが小説の形をとってはいるが、「M検」をする側の軍医のことが描かれたものもある。

「男の世界・傑作復刻集」という雑誌を見つけ出した。いつ発行されたのか、どこの出版社で出したものか、何も記されていない。

十篇の小説が載っていて、『風俗奇譚』昭和三十八年七月号・九月号、昭和三十九年四月号・六月号より抜粋とある。

昭和三十八年なんていうと一九六三年だから、今から五十一年も前の話で、アメリカのケネディ大統領が暗殺された年のことだ。

日本では「高校三年生」「美しい十代」「こんにちは赤ちゃん」がヒットした時代だから、遠い昔の話だ。

「かわいい当番兵」と題する小説で、作者は松下とおるという方だ。長い小説なので面白いところを二度に分けて紹介しよう。

「昭和十八年、N医大を卒業すると、すぐに召集され、北満の国境近い、一三〇五四部隊の軍医として派遣された。その当時は緊張し月一回のM検の日ともなれば、羞恥と期待に胸が震えたものである」

医大を卒業して、すぐに軍医となったとあるが、すでに将校になっていたのだろう。軍隊というところは、上下の区別が厳しいところだから、若くても位が上なら、年上の兵隊は絶対服従の世界だ。

「あと何人、残っているのだろうか。M検で疲れた手首を押さえ、塚田軍医は目を上げた。

広い検査場には、まだ百名近い兵隊の裸像が、うごめいていた。あと、まだ百人、期待していためぼしいしろものにぶつからず、軍医は、いくらか投げやりな気持ちになっていた。

軍医はあごをしゃくり、目の前の兵隊をうながした。促された兵隊は、幾分緊張し、直立の姿勢のまま前に立つと、下腹をいくらか近づけた。

一糸まとわぬ裸体である。黒黒とした体毛の中に、さすがに緊張してか、男のしるしが萎縮している。そんな兵隊に出会うと、軍医は妙に嗜虐的になってくるのである。手を伸ばすと、兵隊の体をぐっと握りしめ、前へ引き寄せた。

兵隊の口から、かすかな驚きの声が出たようである。じろり、軍医が見上げると、兵隊は畏怖の情を面に出して、かしこまった。

軍医は手荒にしごいた。馬か牛並みの扱いである。

異常なしとわかると、冷酷に兵隊を突き放す。兵隊は頭を下げ、惨めな肉体を隠すようにして、裸像の群れに隠れていった。

黒黒と密生した体毛に覆われた下腹、盛り上がった胸、太い首、人を食ったようにびくともしないつらだましい。そんな兵隊にぶつかると、軍医も挑戦的になり、二、三回ですむところを、五、六回、力いっぱいしごいてみせる。その部分が変色するまで、なぶり続ける。

また、入ってきたばかりの初年兵で、たくましいわりに、おさなげな色が残ってる男にぶつかると、愛撫するように、優しくいたわることもあった。

これ全て軍医の特権で、相手が兵隊で、無抵抗なことも、軍医の征服感を、いやが上にも膨らましたものだ。

16 二十二歳、若い軍医と当番兵の話

こんな人権無視の野蛮な行為が行われていたなんて。戦争は個人の人権など、全く無視されてしまう。戦争って恐ろしい。

ぼくが中学一年生の時に、世田谷学園には、地方から召集されてきた兵隊たちが駐留していた

廊下の窓ごしから、この「M検」の光景を覗き見してしまった、ショックな体験があるだけに、「M検」の話は、なまなましく思い出される。

「この日もあいも変わらぬ同じようなM検に、軍医はそろそろ倦怠を覚え始めていた。だが、何番目かの兵隊を見たときだった。軍医は思わず身震いした。

へその下から股間にかけて、黒黒と密生している体毛、その中から顔を見せている、太くたくましい男のシンボル。この日、初めて目にするすばらしいしろものに、思わず軍医は、手をのばし、ぐいと引き寄せた。そして二、三回、手荒に検査すると、みるみるうちに反応を見せて、軍医の手の中で、男のいぶきすら、匂ってくるかと思われた。

軍医は感動し、顔を上げて兵隊をみた。そして、あっと驚きの声を漏らした。なんとその兵隊は、軍医が官舎でこき使っている、自分の当番兵(上官の世話する係)の小島二等兵ではないか。

軍医に見つめられ、小島当番兵の顔は、朱に染まった。目のやり場に困っているような初々しさに、軍医は抱き締めてやりたいほどの愛しさを覚えた。

「本日より軍医殿の当番を命じられました」

つい最近そう申告した初年兵らしい、真剣そのものの小島に、だれが、このような素晴らしい肉体を予想できただろうか。

こんな当番兵と、毎日、一緒にいられる、かつてない喜びに、軍医の胸ははずんだ。

「年はいくつだ、お前」

「はい、二十二であります」

「俺と同年だ。仕事は何をやっていた?」

「風呂屋の三助(銭湯で、風呂をたいたり、客の体を洗ったりすることを仕事とした男)をやっておりました」

「女遊びの経験はあるな」

照れて返事をしない当番兵に、

「遠慮するな、お前のMを見れば、わかることだ。さ、もっと、そばへ寄れ。命令だ」

そばへ引き寄せ、からだに手を伸ばした。

「あっ!」

身を引こうとする当番兵に、

「命令だ、足を開け」

軍医は一喝した。

足を開く当番兵の体に、軍医は手を伸ばし、むずと、つかんだが、硬い兵隊ズボンが感触の妨げとなった。

「じゃまだ。裸になれ」

軍医の命令で、当番兵は仕方なく、褌一本の裸体となった。

「うん、見事だ!」

軍医はあらためて感動し、しばし、杯を口にふくむのを忘れたほどだった。真っ白い褌は、Mのかたちをくっきり見せて、盛り上がり、豊かな体毛は、前袋から両側に、黒黒とはみ出している。

「そばへ寄れ。酌をするのだ」

小島は褌一本のまま、そばにかしこまって酌をした。酒の肴に当番兵の褌姿は、なによりの楽しみとなった。

さらに、いま一つの楽しみは、当番兵と一緒に宿舎の風呂に入ることだった。仕事が三助だっただけに、彼の流しは上手で、軍医はそれこそ天国に遊ぶ思いがした」

まだまだ面白い話が続いているが、この辺でやめておこう。二十二歳、今の若者は子供だが、戦前の若者は大人だった。将校と兵隊、その差は想像もつかない位の隔たりがあった。貴重な話ではないか。

俺の
自慢の種さ
ニヤッ
ニヤッ

17 欲望ははてしない！

『薔薇族』の読者の性行為の初体験は、男の兄弟からというのが多かった。三十五年も前の日本は、子供の数は今の時代に比べれば、多い時代。子供部屋を兄弟で使っていたとなると、お互いにいじりあったりすることになってしまう。

　この投稿は、大学二年と、いとこの小六の男の子の話だ。

「僕は東京のH大学に通う、二十歳の大学二年生。自分がこの世界の人間だということを知ったのは、中学の時、そうだ同級生の男の子を好きになってしまった時だ。それ以来その傾向がますます強くなり悩んでいた時、偶然『薔薇族』があることを知った。

　むろん十八歳の夏の前までは、この本を読んだり、また好きなタイプの人（短髪のスポーツマンタイプの兄貴や弟）を見ては、胸をときめかせているだけの僕でした。しかし、十八歳の夏に初めて経験してしまった。

　しかも、相手は、好きになってはいけない小学六年生のいとこだった。嫌がるいとこを無理やり犯したのではと思いだろうがそうではなかった。

　いとこは目がぱっちりしていて、短髪で背が一四五センチくらいのとてもかわいい、見るからに幼い少年だ。

　そんな無邪気そうに見えるいとこが、テレビを見ている僕に、「ね、チュウしようよ」と言って、だきついてきたのだ。

　僕はおじさんに見られたら大変と、振り払おうとしたが、そんな大したことでもないから「してくれ」と言うんで、キスをした。

　さらにいとこは、キスだけにとどまらず「ねえ、オチンチン見せてよ。ちょっとでもいいから触らせて」と言い出した。

　その夜、一緒に寝ることになり、ぼくは再三に渡る彼の要求を断りきれず、オチンチンを見せ、触らせてしまった。次にいとこは「僕のも見せてあげるよ」と言って、パジャマをおろし、そしてパンツも下げ、かわいく誇らしげに勃ったものと、かわいいタマをぼくに見せた。

　それまで理性で必死に押し殺していた性欲が爆発した…。

　いとこも、かなりその気になって、幼いながらも興奮して、ぼくとのキスにも積極的に応じ、性器の擦り合いや、相互オナニーという行為にまで発展してしまった。

　彼はまだ六年生、しかも、体は小さいし、初めてやる行為ということで、射精はしなかったが、盛んに「ああ、とってもいい気持ちになる」と言っていた。

　僕はいくら理性を失ったとはいえ、幼く性知識に乏しい彼に、精液を放出することはできず、ぐっと押し殺し、寸前のところでやめてしまった。

　問題はそれからだ。その夏休みはそこまでおさまったが、去年の春休み、そして夏休みには、そんな行為では足らずに、キスの回数や性器をいじり合う回数も増え、ついには裸で抱き合ったり、尺八するまでに発展してしまった。

　いとこも多少は、その気があったのかもしれないが、あくまでも僕を大好きなお兄ちゃんとして、いろいろなことをしてみたい、見てみたい、と思っただけで、それ以上の意味はなかった。

　つまり愛しているなどという感情がなかったことは、今になってみればよく分かる。しかし、僕はそんないとこの気持ちも冷静に判断できずに、ブレーキの利かぬ馬車馬のように突っ走ってしまった。

　今になっては、とても後悔している。自分でまいた種、自分で刈り取らねばと思うものの、どうしたら良いか、悩んでいる」

　東京のHさんの投稿。その後、冷静に判断したのでは……。

ああ
親父さん…
ピチャピチャ…

18 ホモと言われるたびに会社をやめて！

1971年、『薔薇族』を創刊してから、七、八年経った頃だったろうか、よき相棒の藤田竜君が、読者にたいして気に入らないことがあって、やってしまったことがあった。

仕方がなくて、どこで知り合ったのか忘れてしまったし、名前も覚えていない、美大出の若者を編集に迎えたことがあった。

何カ月もしないうちに、藤田竜君が戻ってきたが、その青年と竜さんはうまくいかずすぐに辞めてしまった。

その青年が発案し、デザインしてくれたと思うが、トヨタのワゴン車の横っ腹に『薔薇族』と入れて、都内を走り回ったことがあった。

その頃から『薔薇族』の知名度は高かったので、街中を走っていると、他の車から注目された。わざわざ側に寄ってきて、窓を開けて、タクシーの運転手さんに「がんばってください」と、呼びかけられたこともあった。

この読者の投稿は、ぼくのことを見かけたときのことをかいている。

「十年前、僕は中学校を卒業して、東京のある会社で働いていた。楽しい仕事ではなかったが、毎日、トラックに乗って走るハイウェイから見る東京の街が好きだった。

人も車もいっぱいで、つまらないことなどどこかへ飛んでいってしまい、楽しい気分になれる一時だったからだ。

働き始めてから三年くらいたったころから、会社の人たちが僕のことをホモだ、オカマだと言い出した。

なぜ、そんなことを言うのだろう？　男の人を好きになったこともないし、男の人と寝たこともないのに。

僕は悩んだ。毎日そのことで頭がいっぱいだった。ハイウェイを走っていても、以前のように楽しい気分になることはなかった。

そんなある日、いつものようにトラックに乗って走っていると、車に『薔薇族』と大きく書いてある車と出会った。変な車だなぁ、トルコ（ソープランドのこと）か、キャバレーの車かな。

僕は珍しいものを見るような目で、その車を見ていた。すると、その車を運転していた人が僕に気づき、ニッコリ笑いながら、僕に向かって手を振りだした。

変な車に変な奴—僕がそう思って見ていると、僕の車を運転していた同じ会社の人が、僕の顔をまじまじと見て「ホモが……」と一言だけ言った。気が弱くて喧嘩も弱い僕は、言い返すこともできなかった（投稿者　練馬区のMKくんはまだ『薔薇族』を知らなかった。同乗者の会社の人の方が知っていて、「ホモが……」とつぶやいたのだろう。あの時代だって、車の車体に商品の広告を大書きして、走っていた車はいくらもあっただろうが、こういう見方をされることはなかったに違いない）。

僕をホモ、オカマとうわさする会社にいることが、できなくなり退社し、特別職国家公務員となった。

そして五年間、新しい仕事場でも、ホモといううわさが流れだしたのです。なぜだろう。女みたいな言葉を話すわけでもないし、女みたいな仕草をするわけでもないのに、男性と関係さんは、たったの一回だけなのに……。

お前はホモだと言われて十年たった。ホモとうわさされるたびに会社を辞めて、今は無職である。

働こうと思えば、どんなことだってできる。しかし、ホモとうわさされるのが怖い。だからといって、ゲイバアなどで働くことはできない。どうしたらいいのか。誰か教えてください。」

こういう人の話は、何度も聞いたことがある。まさか今の時代にはこんな人はいないだろう。遠い昔にはこんなことがあったのだ。

スゲ…いい男
キャー

ここで裸になるっていうの!?

19 もう一度、肩を並べて歩きたかった!

『薔薇族』には、「人生薔薇模様」という頁があった。それは読者の投稿欄で、毎号載せきれないほど投稿が多く、それも長文のものが多かった。

いろんな悩みや、体験談が書かれているが、ワープロなんてない時代だから、びんせんや原稿用紙にびっしりと自筆で書かれている。

これは埼玉県所沢市の高校生からの投稿だ。

「大学の合格発表も終わり、四月から大学生となるうれしさでいっぱいの今日このごろだ。

実はぼく、今から一年十カ月前、高校一年のとき、同じ高校三年生の先輩、A・Mさんと付き合っていた。

朝の通学のとき彼を駅で見かけて、かっこいい人だと、男のぼくでも思ったりしていた。一年生からは、三年生はまるで雲の上の人で、声をかけることなんてできません。まして声をかけられることは、一種の恐怖でもあった。

そんなある日、ぼくにとって恐ろしいことが起こってしまう。

いつものようにぼくは友人のSと一緒に、電車に乗っていた。それが電車の揺れで、ぼくはA先輩の足を踏んでしまった。

ぼくはあわてて「どうもすみません。ごめんなさい」と、ペコペコ頭を下げたのだが、A先輩はひとこと「あとで俺の部屋に来い」と……。

A先輩は柔道部だ。友人のSは他人事のように、「健二、もう命がなくなるぞ」と、からかった。学校でぼくはSに頼んだ。「頼むから、一緒に行ってくれよ」と。

行かないわけには行かず、ぼくはひとりで柔道部の部室に行った。部室にはA先輩しかいなかった。

中に入ると先輩は、「お前、いつも所沢から乗る健二だろう。俺、前から お前に目をつけていたんだ。足を踏んだことは勘弁してやるから、俺の弟分になれ!」

ぼくは恐ろしくて、さからえなかったから、先輩にくっついていた。学校では金魚のフンのようで、学校から帰ると、先輩の家に遊びに行ったり、宿題を見てもらったりした。

そのときは、なぜ先輩がこんなに優しくしてくれるのか、わからなかった。もちろん『薔薇族』の存在さえも知らなかった。

そんなある日、先輩にいきなりキスされてしまった。いやだったけれど、先輩が恐かったから、さからえなかった。

それからぼくはもう、先輩と付き合うこと、また会うことさえやめてしまった。彼がきたならしくみえて……。

それから半年後、先輩は卒業してしまった。ぼくが二年生の夏休み、先輩から手紙が舞いこんだ。

「俺が悪かった。何も知らない健二にあんなことをしてごめん。でも、この広い世の中には、俺のように男が男を好きになる人種がいることも知ってほしい。俺は今、大学で柔道に打ち込んでいる。君のことを忘れるために。ここに『薔薇族』を一冊送る。見たくなかったら捨ててもいい」

ぼくはそのとき、初めて『薔薇族』を手にした。そして、ぼくも先輩のようにホモかな? と思ったりもした。

じつは先輩に捧げるこんな詩を書いた。彼もきっとこの『薔薇族』を毎号読んでいると思う。直接、話ができたらと思うが、もう過去のことだし、それに彼には新しい恋人がいるようなので……。だから片隅にでもいいから、この詩をのせてほしい。

「昨日、あなたに似た人を見ました。忘れたはずなのに、心がときめいて、そして、初めて気がつきました。あなたを愛していたんだと」(長いので以下略)

A先輩も、健二くんも、純な気持ちの持ち主だったんでは。ほほえましい。無理やり、手ごめにしてなんてことをしなかった。いい思い出としてふたりの心のなかに残っているのでは。

ガタッ
ヌッ
しました!
名づけて
ペニス増大作戦だ

20 二人の少年の話

「少年愛の人、聞いてくれ！」と題して、高校三年生の少年が、こんな投稿を『薔薇族』に投稿していた。古い話だけど、少年愛の人は耳をかたむけるべきだろう。今でもこのようなことがあるかも知れないから……。

「俺は大学入試をひかえて、勉強に熱中している高校生。

俺がこの世界に入ったのは小学一年生のとき。塾の先生に教えられたのがきっかけだ。

読者のみなさんは信じられないだろうけど、小学一年生のとき、初めて射精したんだ。その先生が尺八してくれた。その先生のこと気持ち悪かった。けど、なにしろ小さかったから、言われるままになっていた。でも、そのことを今から考えると、いやでいやでいたたまれない。

俺、少年愛の人に頼みがあるんだ。絶対に少年に嫌な思いをさせないでほしい。俺はあの先生のこと、たぶん一生涯うらむだろう。

俺はもっときれいな初体験をしたかったのに、それなのにあの先生は、何もわからない子供を連れてきて、自分の情欲を満たすために、俺のからだをオモチャにしやがったんだ。

俺は、俺のように嫌な思いはだれにもさせたくない。だから少年愛の人たち、絶対に少年には手を出さないでくれ！

それから小さい子（中学生ぐらい）の子供に「かわいい」とか、「女の子みたいにかわいい」なんて言うのは、絶対にやめるべきだ。

俺、むかし、近所でも評判の美少年だった。だから俺に気のありそうな人は、いつも「かわいい」とか、「女の子みたいにかわいい」とか言った。

俺もまだ小さかったから、調子にのって、女の子みたいにふるまった。でも高校に入ってから気づいたんだ。俺はいくらかわいくても「男」だから男らしくならなくては、と。

だから俺、空手もやったし、毎朝、走った。そのおかげで、俺、少しは男らしくなれた。俺、ホモであることは否定しない。でも、俺は「男」だ。いくらかわいくたって、女の子よりもきれいだって、そんなのは無意味。やはり男は男らしくなくては。

だから、まだあまり物事のわからない子供に変なことを言わないほうがいい。いや、大人は言ってはならない、絶対に、だ。このことをみんな守ってくれ、頼む。（京都市・N）」

次の投稿は、小学校の教師からのものだ。

「私は山の中の小さな小学校に勤めていた。教員数も少ないので、四日か五日目に宿直がまわってくる。そして宿直の夜は中学生のKが、勉強をしにきていた。夕飯がすむと彼は学校へやってくる。そして夜、十時まで勉強。

ちょうど土曜日だったので、彼はその夜、一緒に泊まると言った。宿直用のふとんは、一人分しかないので、一緒に寝ることにした。

Kはシャツとブリーフだけになり、私はいつも素裸にねまき一枚だったので、二人が一緒に床に入ると、からだがくっつき、Kのぬくみが私のからだに伝わった。

私は彼を抱くような格好で、彼と向き合って目を閉じた。どうしようと思うと、不思議に私自身がいきり立ってくる。でも、Kは私に抱かれたまま目を閉じた。私はそっと、Kの手が私自身にふれるようにもっていった。Kはねまきの上からそっと触れてきた。

初めはおずおずとしてたようだったが、次第にぐっと握りしめた。そして、じかに私自身を握ったり、毛にさわったりしていた。

やがて手をはなすと、じっと私の寝息をうかがっているようだった。私は素知らぬ風をして眠った様子をしていた。再び私のものに触れてきたとき、私は手をのばして彼のものに触れた。中学一年でこんなに大きいのかなあと思って、握りしめた手を上下に動かした。それから彼の手も、私と同じ動作をくりかえした。

次の宿直の夜、Kは初めて射精した。そして、その夜から、彼は少年らしく、だんだんと育っていった。勉強がすむと楽しい遊びがまっている。

（滋賀県・教師）」

当然のなりゆきのようにも思えるけれど、この二人の話にはコメントしないことにする

21 公衆トイレの壁面はゲイの告知板！

一九六九（昭和四十四）年という年に、全国の大学は紛争に明け暮れていた。米宇宙船アポロ十一号が月面に着陸した年でもあった。

一九六六年（昭和四十一）年には、わが第二書房が今までの刊行物から、まったく方向転換した。秋山正美著『ひとりぼっちの性生活』のシリーズ。それがきっかけとなって、『レスビアンテクニック』『ホモテクニック』と同性愛物の出版に移っていった。

農上輝樹さんという方が、持ち込んできた原稿で、この手の出版の最初になった『薔薇の告白＝女を愛さない男たち』は、忘れられない出版物だ。ご自分がモデルになってカバーを飾った。それを撮影したのは、十九歳の女性カメラマンだった。

小さい出版社が生きのこるには、エロ本しかないと、ぼくは考えて、『ナイト・ブックス』と名付け、新書判で月に一冊ずつ出し続けた。なんと六十冊にもなった。

ゲイの人が読む『薔薇の告白』の後ろのページに、女好きの人に読ませる『ナイト・ブックス』の広告を載せていたのだから、その頃のぼくはまだゲイの人たちのことを理解していなかった。

一九七一（昭和四十六）年三月には、『続・薔薇の告白』も出していて、これも装幀はぼく自身が手がけている。

このゲイの農上輝樹さんをキャバレーに接待したら、途中でトイレに行くと席を立ったまま戻ってこなかった。こんな失敗も、そのうちしなくはなったが。

『続・薔薇の告白』の中に、「落書ホモの生態」という章がある。当時のゲイの人たちにとって、トイレの壁面が告知版の役目を果たしていたので、それぞれの思いをぶちまけている。それを農上さんは集めてきたのだ。

「学校のH・R君
きみのファロスをなめたい
ういういしいきみの顔をみるたびに
わしの胸は熱い欲情でうずく
わしは今日もここで自らを汚す
なんて形の良い尻なんだ
汝の幻影に向かい
汝の名を呻きながら
わしは今日も自らを汚す（拓殖大学トイレ）

われを過ぎて憂愁の都へ
われを過ぎて永劫の憂苦へ
われを過ぎて亡滅の民の中へ
いっさいの望みを捨てよ
汝らここに入る者（地獄の門）

おれはこの章句を『薔薇』という雑誌の中で知った。ホモの絶望と孤独の心情を、これほどまでに言い当てている言葉を知らない。恐ろしいほどだ。（都電権田原通りの公衆トイレ）

全学の学友諸君　ひよるなよォ　屁をひるなよォ　臭えぞォ
学友よ　革マル同盟へ来れ（そのとなりに）カクマスもドーゾ！（早稲田大学トイレ）

ああ、この暗く果てしない空よ！　ここまで耐えて生きてきた。ただ耐えて、耐えて耐えるばかりの人生だった。どうせここまで耐えて生きてきたんなら、あともう少し生きよう。死なないでもう少し耐えるだけの生き方だったけど、どうせいままで耐えてきたなら、あともう少し生きよう。恥にも、怒りにも、恐れにも、耐えて。

農上輝樹さん、大学の図書館に勤めているらしいと聞いたことがあったけれど、頭のいいナゾのオジさんだった。『薔薇族』の大きな功労者だったことは間違いない。

あの尻が欲しい！

22 孤独にうち勝つ何か！

三十四年も前の話だけど、今の方が孤独な高齢者が増えているのでは。

「ぼくはひとり暮らしを始めて、もう十年にもなります。すでに両親はなく、兄弟らとの付き合いもなく、近所の人とも容易に友人とはなれず、寂しい日々を送ってきました。

なんとか仲間をみつけようと、勇気を出して京都のハッテン場に通いはじめて四年にもなります。

公園で誰ともわからず、犬や猫のようにセックスすることは、いまわしいばかりで、いつも悩み続けてきました。けれども友をみつけるのも、愛をさがすのも、そこは手っ取り早く、狭い京都で同じような顔ぶれの中で、雑談で時を過ごしていたようです。

それでもぼくだけは違う、犬や猫のようではなくと、知り合った人とは、かなりの個人的な付き合いを重ねてきました。心をうちとけて何もかも話し合える友人を求めて、多くの人と知り合いになれたけど、今はむなしさだけが残っています。

すべてとは言えないが、ホモの世界はウソで塗り固められた世界で、くさった世界です。若い人、それもぼくとそれほど年齢も違わないのに、付き合ったら小遣いをもらったり、品物を買ってもらって当然と思っている人がいます。すべての貸借りもルーズで、そのことを指摘したら反感を持ち、悪口を言った人もいました。

この世界の愛情とは、一緒に旅行をしたり、何かを買ってやらなければ、続かないのでしょうか。男が男の世話になる、いわゆる旦那を持つことを自慢している人もいて、なんともいやしい人格かと思います。

先日、ぼくにいんねんをつけ、傘でなぐりかかってきた男がいました。この男には以前にも、わけの分からない言いがかりをつけられ、あまりしゃべらなかったのですが、その日も無視したことが気に入らず、暴力をふるったことは気ちがいざたです。この男には人間らしさ、良心があるのかと、自分の痛みよりも哀れに思えてきました。その男が仲間と嬌声をあげて、ふざけあっているさまを見て、自分もこの世界にいる人間として、恥ずかしく背筋が凍る思いでした。

また何が気に入らないのか、公園で人々に石を投げつけたりの乱暴をする人がいます。その人を敬遠したばかりに、いまだにぼくにからんだりの嫌がらせが続いています。

その男の大きく肩をいからせて歩くさまは、本当に哀れで滑稽です。数えあげればいとまがないほどの根も葉もないうその中傷、悪口を吹聴してまわる人たち。まやかしのその場限りの座興はおぞましく、もうたくさんです。

強いものには媚び、弱い人間を痛めつけて天下をとったような気持ちのあいつら、本当に嫌な世界です。

これから果たしてずっと公園に行かずに過ごす自信はありません。孤独、それは永遠で堪えがたいのですが、これからは孤独に打ち勝つ何かを探して生きていくつもりです。（京都・孤独）」

家の中にとじこもっているのはつらい。思いきってハッテン場にいけば、さまざまの人が集まってきている。

どこの世界にも、嫌な人はいる。ハッテン場で長く付き合える仲間をみつけだすのは難しいものかも知れない。

ハッテン場にくる人は、はじめっから欲望のはけ口としてきているのだから、その中から心を許せる仲間を見つけ出すのは無理なのかも。

お金がかかるけれど、バアに行けばじっくり話もできるし、お酒をのみながら、相手のことを観察できるのでは。

孤独に打ち勝つ何かを探す。ぼくにもよく分からないけれど、積極的に行動するしかないだろう。

23 「突撃一番」という名のコンドーム

「雑学倶楽部」での大先輩、事務局長だった小野常徳さんのエッセイ集に、面白い話が載っていた。

なにしろ、この方は警視庁の風紀係に長く勤めていた方だから、世間の裏話をよく知っていた。「敗戦直後の頃、私は警視庁で公衆衛生関係を担当していた。食物を始め生活必需物資さえ、すべてなかった時代だったから、コンドームのような「不要不急品」は大払底だった。

世界の戦史をひもとくと、戦勝国にしろ、敗戦国にしろ、性病は大流行したと記されている。日本とてその例外ではない。それを防ぐ手軽なコンドームは街から姿を消していた。

何しろ公定価格では、一個七銭二厘のそれが、闇市では七、八十倍の五円から八円も闇値がついたが、それでさえなかなか手に入らない。

あの頃は「生めよ殖せよ！」の多産奨励が国の方針だったから、コンドームを避妊に用いることは御法度、専ら性病予防で、需要は低下していたのを、もっけの幸いと増産し軍に納入していた。

『突撃一番』と名付けられ陸軍専用、海軍用は別の指定工場の品物で、そこでも「星」と「錨」は、対抗意識を燃やし、それぞれ原料の生ゴム獲得に狂奔していた。『突撃一番』は戦地での将兵慰安所での「突撃」用に使われたのだが、それにもかかわらず、中国大陸で兵隊の間に淋病が広まった。

軍医に調べさせたところ、患者たちは「命令どおり『突撃一番』を用いました」と異口同音。やっと判明した原因は、コンドームの先の「精液だまり」の突起を、童貞兵たちはその意味が分からず、無理に突起までを先端にはめ、乱暴に運動したので、忽ち先が破れ淋菌が侵入してしまった。

真相が分かった軍の関係者は「それじゃその突起部分をなくしてしまえ」と結論を出し、以後軍用のコンドームは坊主頭型に改められた。この坊主頭型は三十年ほどたった、一九六五年頃からリバイバルされ、今度は「トップレス」と呼ばれている。

私がその大量隠匿品を発見した。発見するや否や、大胆にも私は「この品物すべてを警視庁が買いとる」と、とっさに考えて品物を押さえてしまった。

数えてみると百八万個もあり、もちろん公定価格で翌日ひきとり、品物が手に入らず困っていた、都内の赤線業者を役所に集め、公定価格で放出してしまった。

闇値で売れば五百三十万円も、利益がでるところだが、取り締まりのご本家が、そんな闇商売はできない。

上司に相談もせずに『突撃一番』を大量に買い占め、始末書をとられると覚悟はしていたが、警視総監からは「時宜を得た処置であった」と、おほめに預かり、金五百円也のごほうびを戴いた。

コンドームは自由販売品になったのは、昭和二十四年のことである。」

小野常徳さん亡きあと、コンドームを製作している会社の人を「雑学倶楽部」で招いて話を聞いたことがあった。

日本のコンドームは、世界一優秀で、薄くて、そして丈夫ということだった。確か『薔薇族』が廃刊になる直前、ゲイ関係の広告しかとれなかったのに、初めて裏表紙にコンドームの広告が載って、大よろこびしたのを覚えている。

エイズの流行を押さえるためには、コンドームをどうしてもつけなければならないから、需要が増えた。

それと同時にコンドームを着用したときにぬる「ラブオイル」も売れはじめていた。

進駐軍が野外で売春婦と性交したときに使って捨てた、コンドームを洗って売られているという記事を読んだこともあった。コンドームは貴重品だったのだ。

ドーンッ
グイッ

24 「かげろう」のような、はかない恋、少年愛者に幸せは！

「マイケル・ジャクソンのファンでもない僕にとって、彼がどんなスキャンダルで、世間から非難されようが関係のないことだ。

しかし、どの雑誌、テレビを見ても、「マイケル・性的虐待」の見出しなので、僕の心は穏やかではない。（中略）

『薔薇族』を二十二年間、出し続けてきて、いいか、悪いか判断しかねていることといえば少年愛のことだ。

日本中の誰よりも少年愛の人と接触しているのは僕だと思う。結論から言えば、少年愛が悪か、善かというならば、どんなに偉い人でも結論を出せるものはない。もし、この世に神がいるならば、神に責任をとってもらうしかないからだ。

誰が好き好んで少年を愛の対象になどするものか。これは生まれながら少年が好きなのだから、本人の意志では変えられない。いくら年をとっても同じことだ。（中略）

太った子が好きであったり、やせているのがいいとか、いもみたいな子が好きだという人もいる。

しかし、どっちにしても未成年者だから、自分で自分のことを決められない年頃の子供だ。その子供たちに手を出すことは、犯罪だということも分かる。

「性的虐待」いやな言葉だ。確かに少年を殺してしまう変質的な人間もいる。これはまさしく変質者で例外だ。女の好きな人の中にもいる。しかし、大多数の少年愛の人たちは、「性的虐待」などするものはいないだろう。

マイケルの肩を持つつもりはないが、少年が好きなために、自分の農園に遊園地まで作って、子供たちを遊ばせ、楽しませている。そんなマイケルが少年を虐待するわけがない。

少年愛は、少年を愛したい、かわいがりたいという願望だ。それなのに虐待するわけがない。

少年が嫌がるのに無理にキスしたり、愛撫したりすることはよくない。ほとんどの少年愛の人たちは、空想するだけで、自分の理性で抑えている人たちだ。しかし、抑えきれなくて、行動に走ってしまう人もいることは事実だ。

何十人という少年と接触し、写真を撮ったり、ビデオに撮ったりした、少年愛の読者に話を聞いたことがある。

この人は少年にただの一度も、親にそのことを言われたことはないという。一度だけ親に言われて大騒ぎされたことがあったが、それは少年同士が、はち合わせしてしまって、やきもちを焼いて、その腹いせに親に言ってしまった、そのときだけだという。

マイケルも個人的には、そうした少年の写真や、ビデオも持っていたかも知れない。

運よく自分の好みの少年と仲良くなれたとしても、少年は年々変化してゆく。そうなると、もう自分の願望の対象ではなくなってしまうのだ。

ある日、少年が自分の恋人ができたといって、連れてきたりすると、悲しくはなるけどその反面、ほっとすることもあるという。

なんとも、はかない恋が、少年愛の人たちの宿命なのだ。決して実ることがない愛なのだ。だからこそ自分の理想の少年に出会い、少年の肌に直接触れたときのよろこびは、女を愛する人間には分からないほどのよろこびだろう。

神よ、あなたはなんということをしてくれたのだ。このかげろうのような恋に幸せはくるのだろうか？」

僕は一九九三年のＮｏ・２５１にこんなことを書いている。カトリックの神につかえる神父たちの多くが、少年に手を出しているという事実。神はどう思っているのだろうか。

25 刑務所の中での男の世界

刑務所の看守を十数年も務めていた、兵庫県の中年の人からの『薔薇族』への投稿。三十六年も前の話だけど、残しておきたい話だ。

「私は近畿地方のある刑務所に看守として、十数年間勤務していました。ペニスに玉を入れるのは、所内の規律違反として、きびしく取り締まっています。一月に一度は「玉検」と呼ばれる検査を行い、入所のとき入れていた玉以外に、増えていれば、懲罰の対象として罰を受けるので、昔みたいに入所中に入れるのは、大幅に減少しています。

さて、玉検の様子とは、見事な刺青を入れた大男たちが、入浴終了後、一列に素裸のまま、一人ずつ職員の前に出ます。職員は一人、一人の大、小のペニスを手でとり、皮をむいて表裏などを検査し、入所時いれていた玉数とを照らし合わせていきます。

中には三十個ほども玉を入れている者もいます。そんな者にかぎっては、小さなペニスの所持者です。

大Pのものには、玉は不必要のようです。数十名のペニスを検査し、持物こそ千差マン別と、つくづく感じます。

また所内でのホモ行為は、鶏姦行為と呼んでいます。ホモの前歴のある者は、夜間（個室）の独居房に寝起きし、一般雑居房（六名ぐらい収容）では、一年間を通じて、一、二件の鶏姦行為が発見されるだけで、ほとんどホモ行為は行われていません。だけどオナニーは、通常よく行われているようで、激しいものは毎日のようです。

とくに多いのは、いずこも同じで日曜、祭日の前の晩がピークです。所内の収容者のオナニーは、意外と明るく、コソコソせずに、人間の生理現象で、当たり前という顔で行っています。

このように世間での知識と、刑務所内での本当の世界とは、大分違うと思います。

最後に、私がおどろいたことのひとつをのべます。それはペニスの先（亀頭）に刺青をした者を初めてみたときです。

最初はなんであんなところが黒いのだろうと、思っていましたが、よく見たところ、人間の一番敏感な部分に、カニの刺青とか、梅の花とかを、赤黒くはっきりと彫ってあるのです。

最初は面白半分に入れるのでしょうが、立派に絵になっている者は、忍耐力の素晴らしい者といえるでしょう。また、他の収容者より、優越感を味わうということも言えると思います。

刑務所内の男だけの世界、それは「男の体臭」「汗くささ」「甘酸っぱさ」をミックスしたような香りの閉ざされた社会のようです」。

ぼくもペニスに刺青をした男を見たことがありました。カメラマンの波賀九郎さんは、サジストでしたから、そのモデルになった逞しい男は、極度のマゾシストだったので、波賀さんは、この男をしばりあげて、よく写真を撮っていました。

刺青師に実際に彫っているところを見せてもらったことがあったが、女好きのヤクザの人は痛がるそうだが、ゲイの人の中でもマゾヒストの人が刺青を彫ってもらうことが多く、痛いのを耐えることが快感なので、ぐっと痛みを耐えているそうだ。

アソコに玉をはめこむということは、それによって女性をよろこばせるためだと思うが、Pの大きい人は、そんなことをする必要がなく、小さい人が玉を入れているということか。

確か玉の材料は、歯ブラシの柄を刑務所内でひまだから、こすって、こすって玉にして、はめこむのだから、考えただけでも痛そうだ。今は大人のオモチャ屋に行けば、そんな痛いことをしなくてもすむものを売っている。人間の欲望って果てしないだけに、おそろしい。

ピチョン…

26 逞しい制服姿の警察官に燃える！

　ぼくがいつも使っている小学館刊の「新選国語辞典」には、「フェティシズム」のことを「石や木片などを神聖なものとして崇拝すること・異常性欲のひとつ・異性の身につけているものに性欲を感じること」とある。

　編纂された方は、すでに亡くなっている方たちだ。同性が身につけているものに性欲を感じる人のことなど、考えもつかなかったのだろう。

『薔薇族』の読者には、いろんなフェチの方がいた。京都市に住む児玉重夫さん（二十三歳）は、制服願望が強い方だ。辞書には異常性欲のひとつと決めつけているが、誰しも多少の願望を持っているのでは。

　ぼくも読者から借りて、陸軍大佐の軍服を身につけたことがあったが、そのときのきりっとした気分は忘れられない。

「私の場合、ひ弱だったせいか、強いもの、逞しいものへの憧れを少年の頃から持っていました。

　ことにいかめしい軍服や、軍靴、警察官の制服などには強い愛着を覚えました。たんに格好がよいとか、勇ましそうで好きだといったものではなく、それ以上にもっと強烈な、性的な興奮をともなって、それらを眺めました。

　そしてまた、見るからに健康で、がっちりとした筋肉と、野性的な風貌と、底力のある大きな声をした男に出会うと、「彼になりたい」「彼のようでありたい」と思うと同時に彼の衣服を、この身につけたいという欲望を強く感じるのでした。

　よくバスの中や、エレベーターの中などで体格のいい制服姿の警察官を見つけると、ひそかに彼を眺め、それから何気なく彼のそばに行くのでした。そうして後ろめたい気持ちと気づかれはしないかという心配とで、胸をドキドキさせながら、恐る恐る彼のそばに立つのです。

　目をとじて全神経を嗅覚に集めて、その男らしい匂いを吸いこみます。空想の中で、私はその制服を荒々しくはぎとり、自分の服と着がえます。見ただけでふるいつきたくなる衝動をじっとこらえて、想像の世界を広げていきます。

　生あたたかい湿りをもった彼の下着、くつ下からパンツ、シャツと次々と、その男の体臭と体温のこもったものをすべて身につけていきます。

　そしてあのザラザラした肌触りの制服が身を包むときを想像すると、もう体中が熱くほてってきて、背中はじっとりと汗ばんできます。

　あの幅広い革のバンドは、男の汗が染みついていることだろう。あの制服にはポマードの匂いがしみこんでいることだろう。ああ、そう思うだけで私はもうたまらないのです。

　頭はくらくらとしますし、口の中はカラカラに渇き、目はボオーッとしてきます。

　そして火のように熱く、はち切れそうになっている私の大切なものを、人に気づかれはしないかと心を痛めるのでした。

　私は自分の悲しい行為をさげすまないではいられませんでした。そして私の貧弱な体格と柔和な色白の顔立ちをいたく卑下し、それがなおいっそう彼らへの欲望をつのらせるのでした。

　いく度となく、繰り広げられる空想の中で多くの警察官や、兵士たちや、有名なスポーツ選手や、映画俳優たちが私によって次々と襲われ、犯されていきました。

　私は夜、床の中でねむりつく前に、世にも奇怪な想像を行うのでした。

（後略）」

　この時代、スポーツジムなどなかったから、肉体をきたえるチャンスはなかったのだろう。三島由紀夫さんのように、肉体を改造したらこの人、どんなことになったことだろうか。

27 ホモでなけりゃ、芸術家じゃねえ!

美輪明宏さんが四十一歳、ぼくが四十四歳のころ、新宿厚生年金会館(今はない)の並びのQフラットビルの二階に、クラブ「巴里」をオープンさせ、ぼくも続いて「伊藤文学の談話室・祭」を開店した。

ちょうど、そのころ、「新しい芸能研究所」が「季刊・芸能東西・蝉時雨号」を刊行した。編集・発行人は、小沢昭一さんとある。三十六年も前のことだ。「性を超える・特集・ホモでなけりゃ芸術家じゃねえ!」

大きな文字で表紙に大書されている。巻頭に小沢昭一さんの「口上」があり、それにはぼくがいつも言っている「日本の芸術、文化はゲイの人によって支えられているのだから、誇りをもって生きよう!」と、同じことが述べられている。そしていつサインしてもらったのか、まったく覚えていないが、小沢さんのサインがある。

ピーター、神津善行、尾崎宏次、松田修、戸坂康二、南博さんが執筆し、本橋成一さんというカメラマンが、ゲイホテルに潜入して撮った「おとこの館」には、修学旅行の学生たちが泊まるようなホテルのふとんを敷きつめた大部屋、ゲイホテルの扉を入ろうとする男たちの後ろ姿が映り、脱ぎ捨てられたゆかたの山は、コトの終わった男たちの物語をなまなましく活写している。

この特集のメインは、松永伍一さんと美輪明宏さんの対談だ。「美とエロスと死」というタイトルで、なんと小さな文字でびっしりと三十一頁もついやしている。恐らく二、三時間はしゃべったことだろう。

作家・評論家の松永伍一さん(一九三〇〜二〇〇八)という方のお名前は知っていた。博学な人のようだ。とっても話の内容を紹介しきれないが、古書店で探して読んでもらいたい。

女装をして化粧をしている美輪さんが意外なことをしゃべっている。

「ぼくはね、どっちかっていうと、ホントはすごい無精者でね。清潔好きなくせにね、まず清潔好きだからこそなんでしょうけどね、自分の皮膚の上にね、違う物質をぬるっていうのがまず嫌いで」

「イヤリング、指輪、時計なんか、ベルトもふだんはしませんし、靴下はくのもイヤなんですよ。でも、奇妙なことに、そういういやなものをつけた時にね、美しいって言われるわけですよ。かつらをつけて、つけまつげをし、紅をほどこし。それはぼくじゃないんですよ」

まさに美輪さんの言ってることは意外だ。女っぽい美輪さんを性の面でも、だれしも受身だと思うだろうけど、これはまったく違うということは、ぼくには理解できる。

「ぼくは受身っていうのは、イヤなんですよ。自分自身が万事能動的だから。ところでごらんの通り、こんな広い家の中でも、ひとりでぽつんといるのが大好きだし。どっちかというとひとりでいたほうがいいですよ。怖くもないし、何でもないし」

人間、見ためでは、その人を判断できないということだ。

「芭蕉と薔薇族」という項があって、面白い話が話題になっている。美輪さんのいうのには、通信欄を見ていると、二人で旅行したいという呼びかけが多い。松永さんは、それは現実の社会の中で、自分たちの行為が異端であり、悪と見られているから、まわりのそういう視線から、少しでも抜け出していきたいという、離脱願望も大きいと思いますがね。「ぼくはいつ死んだって、へいちゃらだって、もう生きたいように生きて来たんだから、みたいなところがありますね」

ぼくもやりたいことをやって生きてきたから、美輪さん同様に死ぬことを恐ろしいと思ったことはない。もっと、もっと紹介したい話がいっぱいあるけど、とにかくお二人の話は、内容が濃くて面白い。再録できないものだろうか。

28 ホモであることに誇りを！

『薔薇族』の読者の中には、すばらしい才能の持ち主が数多くいた。その中のおひとりの東京に住む三十二歳の方が、二度に渡って書いた「あなた男が好きなの？」に対して、見事な解答の手紙を寄せてくれている。

「あなた、男が好きなの？　お前、オカマか？　とか、この世界の人は、よく言われることだと思う。どんなに隠しても、ボディビルダーのホモが何かの仕草で出ると同じように、他人の目には本当の姿が映っているのだと思う。

ホモであることに誇りをもっていれば、あなたホモ？　と言われても、わあ〜っうれしいどうして分かったの、一生懸命に隠していたのにと、まるでモデルをしていたのが、バレたときのように、はしゃぐのだろうが、自分の心の内のホモ的要素を自分自身でも、少なからず嘆いているから、カッと怒り出すか、逆にしどろもどろになるしかない。

お前、男しか好きになれないのか？　とか言う人の立場から考えれば、単に君は左ききなの？　とか、君は出っ歯だねとか言うように、軽い気持ちで発言していることのほうが多いのかも知れない。（それほど人のことは関心がないのだ。）

しかし、そこで異常に怒ったりするものだから、余計にホモっぽく、オカマにひとつ上のせするような印象を相手に与えてしまう。

軽蔑を絵に描いたような顔で、お前オカマか？　と言われたら、その人にはマジに、君にそんなことを言われるすじあいはない。

もし、泥棒っぽいというだけで、お前、泥棒か？　って言われたら、どんな気がしますか。泥棒であろうと、なかろうと頭にくるでしょう。

言葉は選んで言ってください。ぐらいのことは言い返すべきだ。

話はがらっと変わるけど、われわれ薔薇族は頭がいいと思う。『薔薇族』を読んでいても、精神的な面とか、考えの深さ（人の心を知ろうとする努力とか）は、並の小説よりはるかにリアルで真実みがあり、求心力があると思う。

しかし、それだけに自分の欲求を満たすことだけに、執着しすぎる欠点もある。

希少価値ともいえる、この世界に生きて、ドロドロに自分の欲望を追い求めるだけでなく、このすばらしい人間性、やさしさ、人の心を読み取る力をもっと、他の分野に生かしていかなければ本当にもったいない。

詩を書いても、絵を描いても、歌を歌っても、他の人にはぜったいにまねのできない、表現力を持っているのだから……」

彼の言っていることに、ぼくがつけ加えることは何ひとつない。ぼくが毎号、長い年月に渡って書き続けてきた「伊藤文学のひとりごと」に書きつづったことは、読者からすばらしい文章の手紙が寄せられていたからだ。たくさんの手紙の中から、心に残ったものを選び出して紹介し、少しだけぼくがコメントをつけるだけ。八割かたは読者からの手紙だ。

それらを集めて何冊か本にしたが、表現力豊かな読者の手紙のお蔭で、重みのある本にすることができた。いい読者をもってぼくは幸せ者だった。

あるＰＲの雑誌で、ある女性評論家が対談をしていて、その相手の方が、ぼくも何度かお会いしたことのある有名人で読者だった。

以前ならこんな失礼な質問をしなかっただろうが、「あなたはホモだって言われているけど、そうなんですか？」と、はっきり訊いている。その方はうまく話をかわしていたが。

当たり前のことなんだから、平気で「そうだよ」と誰もが言えればいいけれど、俺とは関係ないよと知らんぷりしている人が多いから、いつまでたっても変わりません。

シャー

29 ノルウェイからきた美少年と！

どんなに法律を作り、少年愛者を罰しようとしても、人間がこの世に存在する限り、根絶することはできまい。

少年を愛するということは、何度も言うようだが、趣味ではなく、もって生まれてきたものだからだ。どんなに重い罰則を作ったとしても、永遠にその人たちが、いなくなることはない。

一九九一年の『薔薇族』十月号に、少年愛者からのこんな投稿が載っていた。長野県の六十歳の男性からだ。

「あのノルウェイから来た美少年は、今頃この地球のどこで何をしているだろう、と、ふと思い出す。当時まだ十四歳の牧師の子だった。

神戸の映画館でのこと。普通の封切館の、しかも午後二時頃という時間帯に、まさかあんな出会いがあろうとは思ってもいなかった。

二階の座席に、その金髪の少年と私以外に人はいなかった。私はその頃は二十五歳の商社マン。仕事と仕事の合間に、二時間くらいの空白を置く必要があったので、どうしようもなく入った映画館だった。

突然、少年が英語で時間を聞いてきた。「今、何時？」と聞くのをきっかけにするなんてのは、チンプな手段ではあったけれど、私の胸はおどった。

休憩時間にその少年の顔を見た瞬間から、私の胸騒ぎは始まっていたのだから……。

ホテルでジーパンを脱がすと、その下には何もはいていなかった。

「どこでこんなＰＬＡＹを覚えたの？」

「ＰＬＡＹ？　ＰＬＡＹじゃないよ！」

少年はムキになった。髪は金色だが恥毛は赤く、それほど茂ってはいない。その柔らかな毛に包まれて、コトのあとも元気なかわいいペニスに、私は熱い唇をつけた。

厳格すぎる父親に反発して、学校にいる時間に映画館で遊ぶ美少年。

いったいだれが最初にこの少年に男を愛し、愛されることを教えたのだろうか。」

アメリカでは牧師さんと、少年との関係が暴露されて問題になったことがあった。それがひとり、ふたりでなく、何人もいたことが分かって。

神に仕える聖職者が自分を抑えられないのだから、信仰を持たない一般人をせめることはできない。法律で規制すればするほど、地下にもぐっていくだけで、永遠に解決できない難しい問題なのだ。

こんなかわいい投稿もある。埼玉県の二十三歳になる青年からのものだ。

「あれは中学のころ、いちばん仲の良い友達の家に遊びに行ったときでした。彼が電話で私を呼び出してきて、嬉しくなった私は２キロあまりの道を自転車をとばして向かいました。

ふたりで近くの畑のミカンを取ったりして、疲れたのでベッドでひと休みしていました。

彼が眉毛を抜いてくれと頼むので、彼の胸にまたがり、一本、一本抜きとりました。そして私の番です。私の上に彼がまたがって眉毛を取り始めました。

私があまり近すぎて、恥ずかしいので目をつむると、彼は突然にくちびるを重ねてきたのです。そのときは、ちょっとふざけただけでした。

でも、それから触りっこしたり、抱き合ったりして楽しむようになりました。ホモとかそういう世界の知識もなかったころですし、今でもいい思い出です。

彼は女性と結婚したようだし、私もいずれはするでしょう」

少年愛の人たち、ほとんどの人は自制しているでしょうが、僅かの人が法を犯してしまう。女好きでも、男好きでも、それはほんの僅かの人たちで、性の問題って、あまりきびしく、しめつけない方が、ぼくはいいと思うのだけど……。

30 仕事の発想はすべてマスターベーションだ！

ぼくの今までに残した仕事の発想の元はと言えば、なんと「マスターベーション」なのだ。今の男の子たちは食べ物もいいし、発育もいいからマスターベーションを覚えるのも早くなっている。

ところがぼくが育った時代は、戦時中から戦後にかけての食糧難の頃だ。昭和23年に駒沢大学に入学した頃、片思いをしている女性がいた。

マスターベーションを覚えたのは、その頃のことで、日夜もんもんとして過ごしていた。その時代、マスターベーションは、からだによくないと言われていたので、やめようと思うもののやめられなかった。

ある雑誌に「マスターベーションをしても害にはならない」という医者が書いた記事を読んだとき、気持ちが明るくなったのを覚えている。

そのうち恋人もでき、結婚も早かったので、自然とマスターベーションのことなど、忘れてしまっていた。

親父の手伝いをして出版の仕事に励んでいた頃、背広からネクタイ、靴まで緑色というへんな男が、風呂敷包みをかかえて、原稿を持ちこんできた。

昭和四十（一九六五）年のことだが、その原稿はマスターベーションの正しいやりかたを書いたものだった。あちこちの出版社に持ち込んだ末に我が社に訪ねてきたのだろう。

その原稿に目を通したとき、ぱあっとひらめくものがあった。それは学生時代に悩んでいたマスターベーションのことだ。これを本にすれば、ぼくと同じように気持ちが明るくなるに違いない。そう思って早速、本にした。

秋山正美著の『ひとりぼっちの性生活＝孤独に生きる日々のために』。今が考えてみてもわれながら、いいタイトルだ。買いやすいように新書版のシャレた本にした。

週刊誌や、テレビなどが、とりあげてくれてヒットし、反響も大きかった。ぼくが考えていたように、気持ちが明るくなったという手紙が多かったが、その中に男性が男性のことを想いながら、マスターベーションしているという手紙が、その中にまじっていた。それをぼくは見逃さなかった。

続いて出版したのが『レスビアンテクニック＝女と女の性生活』と『ホモテクニック＝男と男の性生活』だ。

これらの本は、わが第二書房にとって、革命的な本になった。そのあと続いて、男の同性愛の単行本を次々と刊行し、それが日本初の同性愛誌『薔薇族』につながっていった。

そんなときにある人が、こんなもの売れませんかと言って持ちこんできたのが、ぬるぬるしている精液みたいなオイルだ。

早速、その夜、風呂に入ったときに、そのオイルを使って、しごいてみた。今までは石けんをつけたり、つばをつけたりしていたが、ひりひりしてしまう。なんとこのオイルをたっぷりつけて、しごいた快感は、まさに天国行きだ。

このとき、また、ぱあっとひらめくものがあった。これは売れると確信した。そしてケースや、容器のデザインを嵐万作さんにお願いした。

嵐万作さん、すでにこの世にいないが、小説も書くし、デザインもできるし、油絵も描くという万能の方だった。

愛の潤滑液「ラブオイル」と命名して売り出した。「ラブオイル」これもいいタイトルで、デザインは嵐万作さんが残してくれた傑作だ。

『薔薇族』はネットに負けて廃刊に追いこまれてしまったが、「ラブオイル」は消耗品なので、品質もよく、ホテル、旅館、ポルノショップで今でも売り続けてくれているヒット商品だ。

一度ためしてみてはいかが。天国行きは間違いないから……。

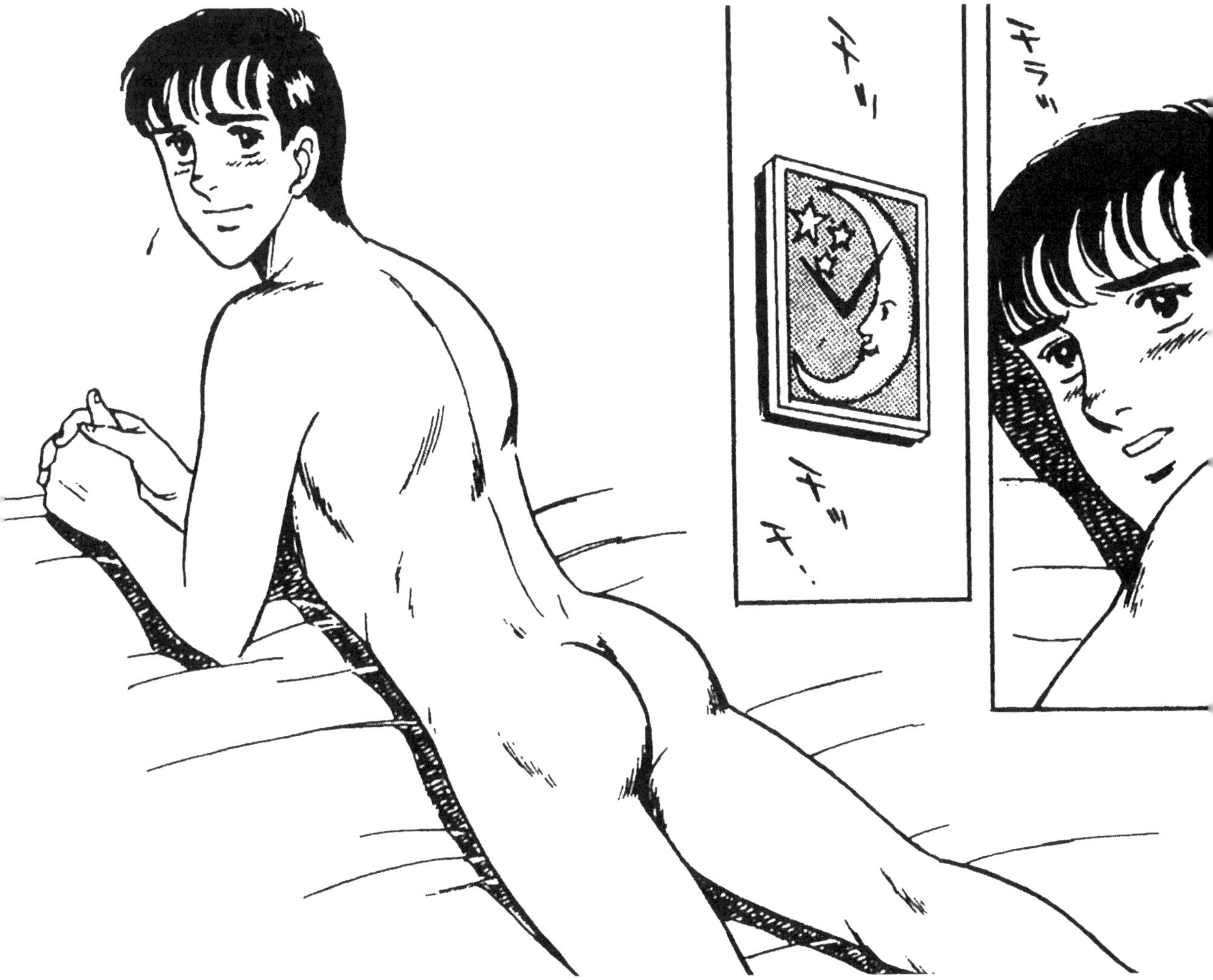
チラッ
チッ
チッ
チ‥

31 たった一通の手紙から真実の愛が！

『薔薇族』の一九七七年八月号、五十五号に、ぼくはこんなことを書いている。文通でしか仲間を見付けられない時代の話だ。

文通欄にのせて、何十通もの手紙をもらった人よりも、たった一通の手紙で幸せになっている人がきっといる。そう思ってある号の一通しか回送をしていない人、丁度三十通あまりの人に手紙を出してみた。

「一通の手紙が、あなたにどんな変化をもたらしたか」と。

返事をくれた人は、七人の人たち、でもいたのだ。ぼくの思ったとおりだった。沢山の手紙をもらえば、粗末にして自分の気に入った人にしか返事を出さないで、あとはほったらかしということにしてしまうだろうが、一通しか手紙がこなければ、きっとその一通をおろそかにはしまい。

やはり素敵な恋がめばえていた。東北に住む青年と、四国に住む人が、たった一通の手紙で結ばれ、なんと四国に渡って愛する人と一緒に住んでいたのだ。そのうれしい手紙は……。

「薔薇族を通じて、一人の若者より便りをもらいました。東北の生まれだという彼、東京の慶應義塾大学を卒業ということで、空気のいい四国に行きたい、そしてあなたと一緒に生活をと言ってくれた。

ぼくは高校時代から、人間生まれたときもひとりぼっち、どんなに苦しいときもひとりぼっち、死ぬときもひとりぼっちと考えてきた。

都会のように素晴らしいハッテン場も知らずにきたぼくが、文通で知り合った彼に、この海の青い、空気の澄んだ四国にやってきてもらうことにした。

彼も快くやってきてくれた。都会の水になじんだ彼が、田舎町でと思ったけれど住めば都のようだ。

ぼくらは平凡でもいい、二人だけの生活を始めた。ぼくの親は反対だったが、今ではなにも言いません。二人が仲がいいからだ。

人生、長いようでも短い。どんな美男子よりも、巨根の持ち主よりも、素直な男がいい。ひとりぼっちの生活よりは、笑い声もでるし、ひとりで食べる食事よりも、二人で食べるほうがおいしい。

休日の日などは、朝食をすませてセックス、夜は夜で明け方まで。ぼくらはお互いに好きなのだ。子供は生まれないのだから、男と男、好きなときにやればいい。

ぼくらは教養を高めるためにも、いろいろと勉強もしている。二人でよく旅にも出、先日も高知の足摺岬にもでかけてきた。

世の中の独身貴族の人も、早く文通欄でいい人を見つけてください。お互いの場にふみこまないようにすれば、社会の人が白い目でみても、町内会にも入って、人と人の輪もけっこううまくやっています。

ぼくらの住むマンションにも、若夫婦がいっぱいいますが、なにも言いません。ベランダには針植の花盛り、今は二人だけの新しい家を建てようと、貯金もしている。

一通の手紙からでも、ぼくのように幸福になれるということを知ってもらいたい。」

たった一通しか手紙が行かなかった人、三十名にぼくはせっせと手紙を書いた。そして七人の人しか返事をくれなかったけれど、二人の人がこんな幸せいっぱいの手紙をくれたし、もうひとりの人も、彼が病気になって入院中だけど、手紙のやりとりをしているということだ。

宝くじだって買わなければ、絶対に当たりっこない。文通欄も思いきって投稿しなければ返事はこないし、仲間はできない。

今のように個人情報がどうのこうのということがない時代だから、こんなことができたのだ。

はあ…
はっ
はっ

32 初体験はいい思い出として残るような

日本で最初の同性愛誌『薔薇族』。商業誌として、本の取次店「トーハン」「日販」から、全国の書店に配本されていた。

しかし、この雑誌を書店で買い求めているところを人に見られたらと思うから、今から考えたら、どうかと思うけれど、かなりの勇気を必要とした。

一九八〇年三月号（今から三十一年前）No.86の「編集室」からに、ぼくはこんなことを書いている。

毎号、初めて本を手にしたという、うれしい手紙を読むときが、なんとも言えない気持にさせられる。はるか遠くの沖縄の読者からの手紙だ。

「週刊誌等にて、貴誌のことは知っていました。先日、書店へ何気なく入り、八十三号のライダーのイカス表紙に目がとまり、まさかと思っていた貴誌が、わが沖縄県にもあったのです。

すぐに求めて会社に帰ったのですが、帰りを待てずに、昼休みに読んでいたら、若い連中が「なにを読んでいるのですか?」と聞くので、「うん、ちょっと面白い本を」と答えたのですが、じつに面白く、楽しく読ませて頂きました。

どうぞ、今後とも内容のより良い本が海を渡ってきてくれることを祈りながら、皆さんの活躍を心から期待しています」

創刊から十年が経っていても、まだまだ買いにくかったのだから、創刊の頃は、もっともっと買うのに苦労したものだ。こうした人たちがひとり、ひとり買ってくれて、それが万という数字になったのだからありがたいことだ。

宮崎県の大学生から、こんな手紙をもらったことがある。

「この間、『薔薇族』を堂々（?）と買って本屋を出ると、あとから三十五歳ぐらいの男がついてきて、急に後ろから呼びとめられて、「君と友だちになりたいんだけど」とひとこと。

ぼくはもうあわててしまって、なんと言っていいのか分からずにもじもじしていると、「トイレに行こう」と。

ぼくは何もしゃべらず、その人の後ろについて歩いていきました。トイレの中のことは恥ずかしくて書けませんが、トイレを出てから、ぼくは男の人をおっぽり出して逃げたのです。

あとで考えてみると、すごく悪かったなあと後悔しています。街で声をかけられたのは初めてだけど、中学生のときに、ぼくは大人の人にむりやりに犯されたことがあるんです。

何かの工事で働きにきてた人で、名前も今では顔もはっきりとは覚えていないけれど、色黒の逞しい体と、大きなペニスは、はっきりと思い出せます。

でも、このことは誰にも話せないし、本当に死んでしまおうと、何度思ったか知りませんが、それからのちに知った『薔薇族』によって、どれだけ救われたか、わかりません」

初体験って、みんな違うと思うけれど、この時代は、この大学生のようなことが多かったのでは。少年の心に傷を残すようなことはしてもらいたくはない。時間をかけて、愛し合ってからというようなわけにはなかなかいかないのかも。

今の時代、どんなことになっているのだろうか。男女の間でも、知り合ってその日のうちにということが多いようだけど、ぼくらの時代は手をにぎるまでに時間がかかったものだ。

メールで一瞬のうちに相手にとどいてしまう今の時代、携帯電話なんてなかった頃は、彼女が現れるまで、わくわくして三十分でも一時間でも待っていた。早ければいいというものではないと思うけれど。

33 抑圧されたなかで永遠の解放を憧れ続ける!

　三十七年も前に、ひとりの中学校の教師が、少年愛の人たちの世界が、いい方向にと思っていた夢や、希望がだんだんに悪い方に向いてしまっている。

　児童ポルノを持っているだけでも逮捕されてしまうなんて、無茶苦茶な条例が京都府の議会で通ってしまったのだから……。

「私たちは教育に情熱をかけることで、激しい欲望を懸命に解消している真面目な教師なのである。そして毎日、教えているクラスの好きな少年を思い浮かべながら、よい授業をすべく、明日の授業の教材研究に心血をそそいでいる。

　先日、朝日新聞の海外ニュースの欄で、アメリカのある教育学者が、「同性愛者は教育者にふさわしい」という研究論文を発表したことを報じていたが、私もその論旨に賛成である。

　なんといっても子供への愛情は、一般の教師より、ことのほか深いし、「差別と選別のための教育」と問題にされている現在、差別され疎外される者の気持を最もよく理解できるのが、ホモや少年愛のわれわれではないだろうか。非行に走りやすい子供をどこまでもあたたかく寛容に抱いてやれるのも(中略)」

少年愛者よ、頑張っていこう。私たちの苦しい姿の一部を紹介した。時おり耐えきれなくなって、犯罪者のらく印や、社会的失墜を恐れて、一生を悶々と老いていくのが馬鹿らしくなり、思いきった行動に出てしまおうなんて考えるときもあるが、やはり相手は未成年者がほとんどなんだから行動に及ぶことだけはまずい。

　これだけはお互い厳しく自戒しておくしかない。以前、伊藤編集長も書かれていたが、時おり少年愛の人の犯罪が新聞や、週刊誌にのるのは、気持がよく分かるだけに、とても悲しい。結果は当人と少年双方に、生涯、傷がつくだけである。

　しかし、考えようによれば、厳しく制限され、抑圧される中で永遠の解放を憧れ続ける姿こそ、真の恍惚境かもしれないのだ。よろこびというものは相対的なもので、欲望の解放が完全に保障された中では、真の幸福からは遠ざかる。

　われわれの感じる少年のエロチシズムは、女色者の見る女のエロチシズムより、はるかに神秘的ではあるまいか。

　ところで最後に同性愛に悩む少年諸君へ。一度君の学校のお気に入りの先生に相談してごらん。ひょっとすると、その先生も同じ悩みの持ち主かも知れないよ。とすれば生涯の友となって語り合えるかも。

　たとえそうでなくても、先生というのは普通、いろんなことに寛容で、個人的な秘密はもらさないものだ。

　もし怒ったり、他人にもらしたりする先生であれば、徹底して軽蔑してやればよい。」

　おく・かずひろさんという中学教師からの長文の投稿だ。もうとうに停年でやめられているだろうが、その後どんな生活を送っていることか。

「同性愛者は教育者にふさわしい」というアメリカの教育学者が論文を発表したとあるがぼくもその意見に共感する。

　少年を心底好きで教師になったのだから、教育に熱心なのは当然のことだ。しかし、ある教師と対談したことがあるが、その方は自分の教えた子に手をつけたらダメです。それぐらいの自制をしなきゃ、教職は務まりませんよ。心を抱くというのはやむをえないが、手を出すということは絶対に抑えないといけない。人生を生きていくうちに、タブーというものは必ずある、と。

　少しは、少年愛というものをご理解頂けただろうか。

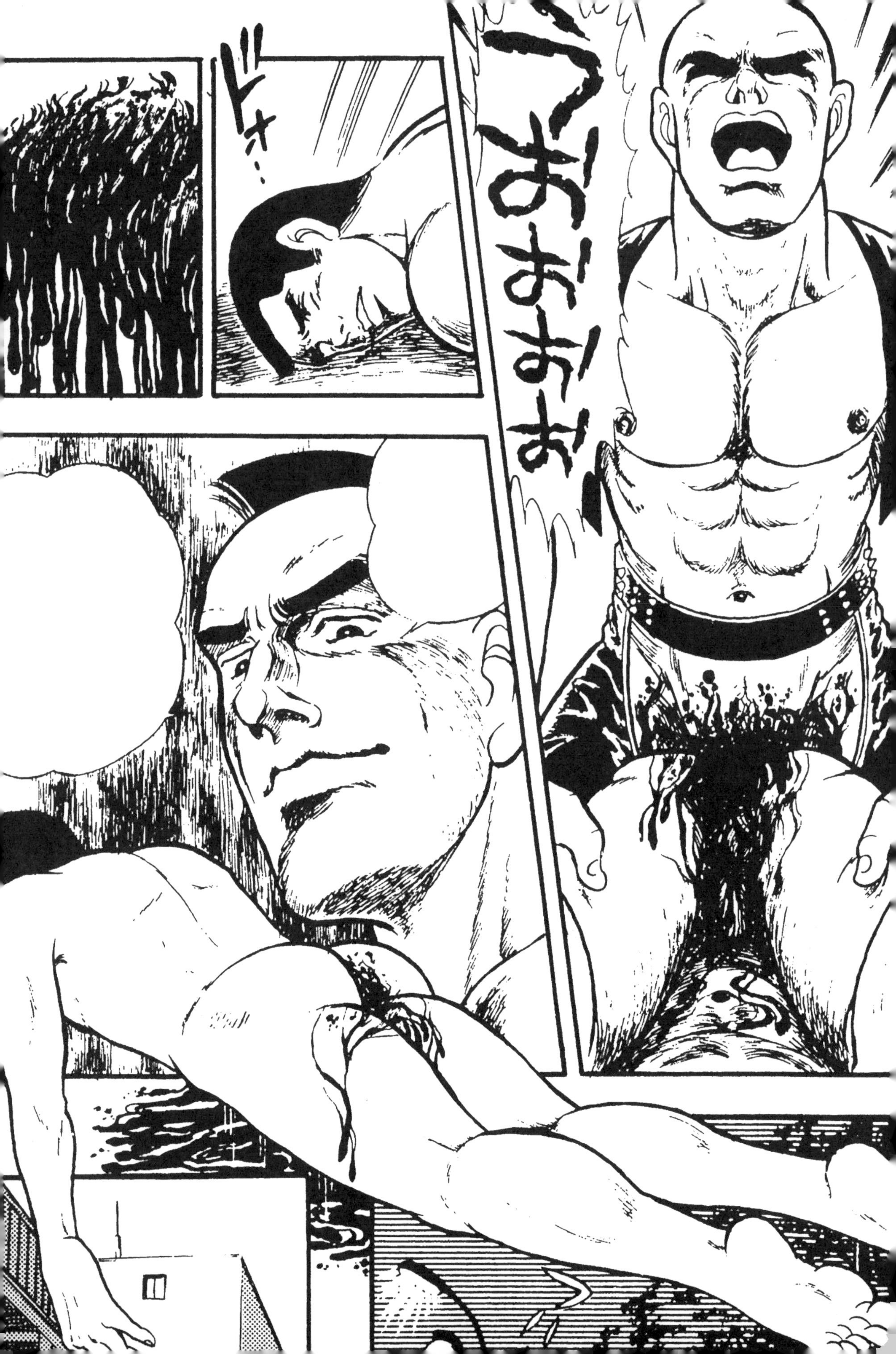
うおおおお
ドォ…

ところで
どう思う？